戈壁设施产业高质化发展应用提升技术

吴乐天 史慧锋 等 编著

中国农业科学技术出版社

图书在版编目（CIP）数据

戈壁设施产业高质化发展应用提升技术 / 吴乐天等编著. -- 北京：中国农业科学技术出版社，2025.7.
ISBN 978-7-5116-7504-0

Ⅰ．F299.24

中国国家版本馆 CIP 数据核字第 2025Y08X87 号

责任编辑　金　迪
责任校对　王　彦
责任印制　姜义伟　王思文

出 版 者	中国农业科学技术出版社
	北京市中关村南大街 12 号　邮编：100081
电　　话	（010）82106625（编辑室）（010）82106624（发行部）
	（010）82109709（读者服务部）
网　　址	https://castp.caas.cn
经 销 者	各地新华书店
印 刷 者	北京建宏印刷有限公司
开　　本	170 mm×240 mm　1/16
印　　张	8.5
字　　数	157 千字
版　　次	2025 年 7 月第 1 版　2025 年 7 月第 1 次印刷
定　　价	65.00 元

版权所有·侵权必究

《戈壁设施产业高质化发展应用提升技术》
编著人员

主 编 著　吴乐天　史慧锋

副主编著　邹　平　曹新伟　王国强

编著人员　岳秋星　高兴东　郭申伯
　　　　　　宋兵伟　张彩虹　孙小丽
　　　　　　王　瑞　焦锐斌

前 言

在全球人口持续增长、资源环境约束日益加剧的大背景下，农业作为国家的基础性产业，正面临着前所未有的挑战与机遇。戈壁地区，这一曾经被视为农业发展"禁区"的广袤土地，因其独特的气候、地理条件，蕴含着巨大的农业开发潜力。然而，戈壁地区干旱少雨、土壤贫瘠、生态环境脆弱等自然特征，也对农业发展提出了严苛的要求。在此形势下，推动戈壁设施产业高质化发展，成为实现戈壁地区农业转型升级、保障国家粮食安全和生态安全的重要战略选择。

设施农业作为现代农业的重要组成部分，通过人工控制环境条件，为作物生长创造了相对稳定、适宜的生长环境，能够有效突破自然条件的限制，提高农业生产效率和质量。戈壁设施产业的发展，不仅能够充分利用戈壁地区的土地资源，增加农产品产量，还能带动相关产业发展，促进农民增收和区域经济增长。然而，当前戈壁设施产业在发展过程中仍面临着诸多问题，如科技创新不足、水资源利用效率低下、栽培介质选择与改良困难、机械化装备水平不高、环境调控技术装备落后等，这些问题严重制约了戈壁设施产业的高质化发展。

基于此背景，本书旨在系统梳理戈壁设施产业高质化发展的关键技术问题，深入探讨相关技术的研究进展和应用现状，为推动戈壁设施产业的高质化发展提供技术支撑和决策参考。

本书共分为5章。第1章聚焦于高质化发展的科技创新需求，深入分析了当前戈壁设施产业在科技创新方面存在的短板和不足，明确了未来科技创新的重点方向和目标，为后续章节的技术研究奠定了理论基础。第2章详细阐述了戈壁设施农业水资源管理与高效利用技术，针对戈壁地区水资源短缺的现状，提出了一系列科学合理的水资源管理策略和高效利用技术，旨在提高水资源的利用效率，保障设施农业的用水需求。第 3 章围绕设施农业栽培介质展开，对土壤、基质与水培三种主要的栽培介质进行了全面介绍，分析了它们在戈壁设施农业中的应用特点和优势，并探讨了栽培介质的改良与优化方法，为作物生长提供了良好的物质基础。第 4 章重点介绍了戈壁设施生产机械化装备的相关内容，分析了当前机械化装备存在的问题，提出了机械化装备升级的路径和措施，旨在提高戈壁设施农业的生产效率和劳动生产率。第 5 章对戈壁设施农业环境调控技术装备进行了概述，介绍了环境调控技术装备的种类、原理和应用效果，为创造适宜的作物生长环境提供了技术保障。

  本书的编写得到了设施农业工程与资源环境学科团队的鼎力相助，在此对全体人员表示衷心的感谢。同时，在本书的编写过程中，得到了众多专家、学者和同行的关心与支持，他们提供了宝贵的意见和建议，为本书的完善做出了重要贡献。在此，向所有关心和支持本书编写工作的单位和个人表示诚挚的谢意！

  希望本书的出版能够为从事戈壁设施产业相关研究、教学和生产的人员提供有益的参考，为推动戈壁设施产业的高质化发展贡献一份力量。由于作者水平有限，书中难免存在不足之处，恳请广大读者批评指正。

编著者

2025 年 5 月

目 录

第1章 戈壁设施农业高质化发展的科技创新需求 ·· 1
    1.1 戈壁设施农业发展对农业的影响 ·· 1
    1.2 戈壁设施农业高质化发展的政策推动 ·· 5
    1.3 戈壁设施农业高质化发展优势与短板 ··· 10
    1.4 戈壁设施农业新质生产力 ·· 18

第2章 戈壁设施农业水资源管理与高效利用技术 ······································· 21
    2.1 设施农业与水的关系概述 ·· 22
    2.2 戈壁设施农业水资源高效利用技术 ·· 24
    2.3 戈壁设施农业水质管理与调控技术 ·· 34
    2.4 雨水收集与利用技术 ·· 44
    2.5 智能水管理系统与未来趋势 ··· 46

第3章 设施农业栽培介质：土壤、营养液和固体基质 ································ 49
    3.1 栽培介质的基础概述 ·· 49
    3.2 设施农业土壤栽培 ·· 51
    3.3 温室水培技术 ·· 64
    3.4 温室基质栽培 ·· 68
    3.5 栽培介质的未来发展展望 ·· 70

第4章 戈壁设施生产机械化装备 ·· 73
    4.1 戈壁设施农机化发展现状 ·· 73
    4.2 戈壁设施生产产前装备 ··· 77
    4.3 戈壁设施生产产中装备 ··· 81
    4.4 戈壁设施生产产后处理装备 ··· 92

第 5 章　戈壁设施农业环境调控技术装备 ·· 98

 5.1 我国设施农业环境调控技术装备概述 ····································· 98
 5.2 戈壁设施主动加温技术装备 ··· 99
 5.3 戈壁设施通风调控技术装备 ··· 109
 5.4 戈壁设施光质调控技术装备 ··· 112
 5.5 设施农业环境监测系统 ·· 116
 5.6 戈壁设施环境调控决策系统 ··· 119
 5.7 设施环境调控应用现状与挑战 ·· 122

参考文献 ·· 126

第1章
戈壁设施农业高质化发展的科技创新需求

1.1 戈壁设施农业发展对农业的影响

我国耕地资源有限，戈壁沙漠等非耕地资源丰富。广泛分布于新疆、青海、甘肃、内蒙古和西藏东北部等地。全国戈壁总面积为6 223万hm^2，其中，新疆的戈壁面积尤为突出，戈壁、沙漠、盐碱地分别为29.3万km^2、42.3万km^2、21.84万km^2，广泛分布在塔里木盆地周围、准噶尔盆地边缘、哈密—吐鲁番盆地等。通过荒滩、戈壁等发展设施农业，可以有效缓解"人增地减"的矛盾，将非耕地资源转化为高效农业用地，突破了资源瓶颈，拓展农业发展空间，保障粮食安全和农产品供给。

戈壁设施农业的发展对农业领域的影响是多维度、深层次的，通过技术创新和模式优化，推动传统农业向现代化、高效化、可持续化转型。戈壁设施产业高质化发展是应对资源约束、推动农业现代化、促进生态保护与经济发展的重要战略举措。

1.1.1 生产方式变革：从"靠天吃饭"到"精准可控"

（1）突破自然条件限制

戈壁地区气候干旱、土壤贫瘠，传统农业难以发展。通过发展戈壁设施农业，利用戈壁地区光热资源充足、昼夜温差大等自然气候优势，发展设施生产种养殖，如特色果蔬、花卉、中草药等，满足市场多样化需求。

在戈壁地区发展设施农业，可通过建设温室、大棚等设施，人工调控温度、湿度、光照、二氧化碳等环境条件，构建可控的微气候，为作物创造适宜的生长环境，实现周年生产，显著提高农业生产的稳定性和连续性。

（2）生产效率、产量与品质的提升

通过在戈壁设施农业采用柔性保温被覆盖、外表面覆盖白色红外线反光膜、太阳能水循环蓄放热系统、空气循环地中土壤蓄放热系统等技术，显著提升温室的保温性能，确保作物在寒冷季节也能正常生长。

戈壁设施农业采用节水灌溉技术，如膜下滴灌和微喷灌技术，相比传统农业每亩用水量可节约30%左右，有效提高了农业用水的利用效率。同时，通过有机质栽培技术，用基质代替土壤，解决了在盐碱地、戈壁滩、荒漠地等非耕地上进行生产缺土的问题，还减少了农药、化肥的施用量，化肥利用率提高20%～30%，实现了资源的循环利用。

戈壁设施农业采用集约化的生产方式，可实现农产品的周年生产和供应。通过科学的种植布局和管理，如合理安排种植茬口、采用无土栽培技术等，可大大提高土地的产出效率和农产品的品质。

此外，戈壁设施农业采用水肥一体化、LED补光、环境传感器等技术，实现精准施肥、灌溉和温湿度调控，减少资源浪费，还可结合物联网、大数据、人工智能等现代信息技术，实现生产过程的智能化管理，进一步提高生产效率和产品质量，农产品优质率提升至90%以上。

1.1.2 产业结构优化：从"单一种植"到"全产业链融合"

（1）产业链延伸与附加值提升

戈壁设施产业通过发展设施农业，带动了上下游产业链的协同发展，形成了集种植、加工、物流、销售、观光旅游于一体的全产业链模式。形成了从单一的蔬菜发展到果树、花卉、食用菌、草莓、火龙果、中草药等特色多元种植亮点，随着设施种植业的兴旺发展，农产品加工产业和冷链仓储物流也得以兴起，果蔬的精深加工、制干、酿酒、饮品、色素、精油等高附加值产业应运而生，附加值提升3～5倍。同时也带动了配套建设冷藏库、恒温库等设施，形成冷链物流业，实现农产品的周年供应。

戈壁设施农业产业还结合观光旅游与休闲农业，打造集新品种研发繁育、培养种植、冷链物流、创新创业、休闲观光旅游等多功能于一体的特色产业链条。

（2）科技与资本密集型产业崛起

戈壁设施农业依赖智能装备、生物技术、物联网等高新技术，搭建信息网络平台，吸引了大量科技企业和资本投入，推动农业向科技化、资本化转型。通过发展壮大产销合作社和协会等经济组织，提高农产品产销组织化程度，形成全新的产业化发展格局。同时，积极探索现代营销手段，如直销、产销直挂、净菜配送、蔬菜产品销售专柜等，扩大营销渠道。

戈壁设施农业的发展离不开技术服务与支持。通常会引入农业技术专家，搭建产、学、研交流平台，为当地农民提供技术培训和技术支持，推动特色农业的发展。

1.1.3 资源利用效率提升：从"粗放消耗"到"高效循环"

（1）土地资源的高效利用

戈壁设施农业通过无土栽培、立体种植、复合种植等技术，大幅提高单位面积产出。使用椰糠、岩棉等无土栽培基质，替代戈壁地区贫瘠的土壤，避免土壤盐碱化和连作障碍，实现土地的可持续利用。在温室或大棚内，通过搭建多层种植架或立体栽培装置，实现空间的多层次利用。在垂直方向上种植叶菜类、草莓等矮生作物，结合水培或基质栽培技术，土地利用率较传统平面种植提升 3～5 倍。采用"果菜间作""菌菜轮作"等模式，如温室中上层种植葡萄或番茄，下层种植食用菌或叶菜，充分利用光照和空间资源，实现单位面积产值最大化。

（2）水资源节约与循环利用

滴灌、微喷灌等节水技术使戈壁设施农业的用水量仅为大田作物的 1/5～1/3，同时通过雨水收集、中水回用等技术实现水资源循环利用。

采用滴灌、微喷灌等节水技术，结合水肥一体化系统，将水肥直接输送到作物根部，大大减少了水分的蒸发和渗漏，水分利用效率提高 40%～60%，肥料利用率提高 30% 以上，减少资源浪费。喷灌、低压管灌、渗灌等，也在戈壁设施农业中得到了广泛应用，进一步提高了水资源的利用效率。

在戈壁设施农业中，一些地区采用了养殖尾水处理循环利用系统，将养殖过程中产生的尾水进行净化处理，然后再次用于农业灌溉，实现了水资源的循环利用。

（3）时间高效化利用

反季节生产。通过戈壁设施环境调控，打破戈壁地区自然气候限制，实现冬季生产喜温作物（如黄瓜、番茄）和夏季生产耐寒作物（如生菜、芹菜），全年无休生产，土地年产出率较露天农业提高 5～10 倍。

缩短生产周期。设施内可精确控制温湿度和光照，加速作物生长。例如，戈壁温室中番茄的生育期可缩短 20%～30%，一年可种植 2～3 茬，土地利用效率显著提升。

（4）废弃物资源化利用

废弃物的基质化利用。戈壁设施农业通过作物秸秆和畜禽粪便发酵制作有机基质，结合无土栽培技术，解决戈壁日光温室缺土问题。酒泉市中国—以色列（中以）绿色生态产业园采用有机生态无土栽培技术，利用玉米秸秆、牛粪、蘑菇棒子等材料，从11个配方基质中筛选出6∶4比例模式（有机料充分腐熟发酵完成后占6份，炉渣灰占4份），制成栽培基质。

废弃物能源化利用。通过厌氧发酵技术，将畜禽粪便、农作物秸秆等转化为沼气，既可用于农村居民的生活燃料，也可用于发电。这种生物燃气的开发利用，既实现了废弃物的资源化，又改善了农村的能源结构。

废弃物肥料化利用。设施农业产生的秸秆、菌渣等废弃物可通过生物发酵技术转化为有机肥，实现"种植—养殖—肥料"的生态循环。堆肥过程中，微生物分解有机物，产生腐殖质和各种养分，可改善土壤结构，增加土壤肥力，提高农作物的产量和品质。

废弃物饲料化利用。农业废弃物中含有大量蛋白质和纤维类物质，经过适当的技术处理，可作为饲料应用。将新鲜的农作物秸秆在密封的条件下发酵储存，使其成为牲畜的饲料，可以解决冬季牲畜饲料短缺的问题。

1.1.4 生态效益凸显：从"生态脆弱"到"绿色屏障"

（1）防风固沙与生态修复

戈壁设施农业通过植被覆盖和温室建设，减少了风蚀和水土流失，改善了区域小气候。

物理屏障作用。戈壁设施农业通过建设温室大棚、防护林带等基础设施，直接阻挡风沙侵袭。例如，新疆哈密戈壁农业示范区通过种植防护林与温室结合，使周边区域风速降低30%～50%，有效减少风蚀和沙尘暴发生频率。甘肃武威戈壁农业园区建成后，周边5km范围内流动沙丘固定率达80%以上，植被覆盖率从不足5%提升至25%。

植被恢复与土壤改良。设施农业的种植活动增加了地表植被覆盖，减少了裸露土地面积。同时，无土栽培基质和有机肥的使用改善了土壤结构，提升了土壤保水保肥能力。内蒙古阿拉善戈壁农业项目通过种植耐旱作物（如枸杞、沙棘），使周边土壤有机质含量从0.5%提升至1.2%，土壤盐渍化程度降低40%。

（2）减少农业面源污染

设施农业采用封闭式生产环境，减少了化肥、农药的流失，降低了对土壤和水体的污染。减少土传病害传播：戈壁生态农业通过无土栽培和设施环境控制，有效阻断了土壤中病原菌的传播途径，减少了土传病害的发生。这不仅降低了农药的使用量，保障了农产品的质量安全，同时也减少了农药残留对环境的污染。推动绿色生产技术应用：戈壁生态农业广泛应用生物农药、生物菌肥、病虫无害化综合防治等绿色生产技术，替代了部分化学农药和化肥的使用。这些技术不仅提高了农产品的品质，还减少了对土壤、水源和空气的污染。

微栖息地创造与物种多样性增加，温室大棚和防护林带为昆虫、鸟类等提供了栖息地，促进了区域生物多样性的恢复。碳汇功能增强，设施农业通过植被覆盖和土壤改良，提升了区域的碳汇能力。

1.1.5 经济效益与社会效益双赢：从"低效贫困"到"富民强农"

（1）农民增收与就业带动

戈壁设施农业通过科技创新与产业融合，在西北干旱地区探索出一条"变废为宝"的农业发展新路径，不仅破解了传统农业"靠天吃饭"的困局，更成为农民增收和就业的重要引擎。戈壁设施农业的高附加值特性使农民亩均收入提高3～5倍，同时创造了大量就业岗位，戈壁设施农业的建设和运营需要大量劳动力，涉及种植、采摘、分拣、包装等环节。通过日光温室、无土栽培等技术，戈壁滩、盐碱地等非耕地资源被转化为高效农业生产空间，实现"向戈壁要土地、要产业、要效益"。

（2）区域经济协同发展

戈壁设施农业的发展带动了上下游产业链的协同发展，包括农资供应、农产品加工、冷链物流、电商销售等。同时，戈壁设施农业与乡村旅游、休闲农业相结合，创造了新的经济增长点，一些地区通过建设观光采摘园、农业科普基地等，吸引了大量游客，带动了餐饮、住宿等服务业的发展。

1.2 戈壁设施农业高质化发展的政策推动

1.2.1 乡村振兴战略发展的时代新机遇

党的二十大提出"实施乡村振兴战略"重大部署，明确提出要加快推进农业农村现代化，深化农业供给侧结构性改革，实现传统农业和现代农业发展的过渡和有机衔接。我国是农业大国，农业是国民经济的基础，科学技术是农业发展的根本出路。历史经验证明，农业形势的好坏，直接影响着国民经济的发展和社会安定。全面建成小康社会，实现中国特色社会主义现代化最艰巨、最繁重，也是最关键的任务在农村、农业、农民问题上。历年中央一号文件中明确提出把解决"三农"问题作为全党的重中之重，把建设社会主义新农村、发展现代农业作为我国的重大战略任务。

  目前我国农业生产已经进入了一个新的历史发展时期，种植业布局结构性矛盾日益突出，严重影响了农业经济的健康发展，因此，国家大力进行了农业结构调整，要求种植业结构调整以政策为准绳、以"优"字为中心、以产量为基础、以特色占先机、以科技为依托、以企业做后盾、以市场为导向、以规模求发展的基本方向，使农作物生产走优质化、健康化、规模化、产业化之路。这一系列政策措施，不仅符合国家宏观调整政策，有助于增强我国农业产品在国际市场的竞争能力，而且也增加了农业收入。实践证明，促进农民增收，是解决"三农"问题的根本所在，是一项稳固我国农村经济的重要举措。

  我国主要粮食品种供给充足，但结构性矛盾突出。在耕地水资源约束日益趋紧的背景下，满足人民群众日益多元化的食物消费需求还面临较大压力。要加快建设现代设施农业，拓展农业生产可能性边界，在确保粮食供给的同时，保障肉类、蔬菜、水果、水产品等各类食物供给。设施完备配套是现代农业的突出标志。世界农业发达国家普遍将发展现代设施农业作为增强农业国际竞争力的重要措施，广泛应用先进要素，提高农业资源利用率、劳动生产率和土地产出率。要加快建设现代设施农业，促进设施农业集约化、标准化、机械化、绿色化、数字化发展，以基础设施现代化促进农业农村现代化，夯实农业强国建设基础。

  蔬菜产业是农业生产结构调整与增加农民收入的一项重要产业，因此，蔬菜在我国农业发展中具有独特的优势和地位，是种植业中最具活力的经济作物之一。蔬菜是城乡居民生活必不可少的重要农产品，保障蔬菜供给是重大的民生问题。改革开放以来，我国蔬菜产业发展迅速，在保障市场供应、增加农民收入等方面发挥了重要作用，同时，必须看到，蔬菜产业发展还存在市场价格波动大、产品质量不稳定等突出问题。《2023年中国蔬菜产业发展报告》显示，近十年全国蔬菜需求整体呈现先增后稳态势，年均复合增长率1.76%，2021—2023年蔬菜人均需求量稳定在每年95～96 kg。2022年，全国蔬菜种植面积达到3.36亿亩（1亩≈667m^2，全书同），全国蔬菜产量达7.91亿t，蔬菜种植分布格局已经基本确定，其中，中南地区占32%，华东地区占

31%，西南地区占16%，华北地区占10%，西北地区占7%，东北地区占4%。

以习近平新时代中国特色社会主义思想为指导，全面贯彻落实党的二十大精神，完整准确全面贯彻新发展理念，加快构建新发展格局，着力推动高质量发展，锚定建设农业强国目标，牢固树立大食物观，以稳产保供和满足市场多样化、优质化消费需求为目标，以优化设施农业布局、适度扩大规模、升级改造老旧设施为重点，以提高光、热、水、土等农业资源利用率和要素投入产出率为核心，以强化技术装备升级和现代科技支撑为关键，主要依靠市场力量，发挥政府引导作用，持续提升设施农业集约化、标准化、机械化、绿色化、数字化水平，加快发展农业工厂等设施农业新业态，不断提高质量效益和竞争力，构建布局科学、用地节约、智慧高效、绿色安全、保障有力的现代设施农业发展格局，为拓展食物来源、保障粮食和重要农产品稳定安全供给提供有力支撑。

到2030年，全国现代设施农业规模进一步扩大，区域布局更加合理，科技装备条件显著改善，稳产保供能力进一步提升，设施农业劳动生产率、土地产出率和资源利用率明显提高，发展质量效益和竞争力不断增强，从事设施农业生产的农民收入大幅增长。利用非耕地发展的设施农业规模稳步扩大，菜、肉、蛋、奶等主要设施农产品产能进一步提升，设施蔬菜产量占蔬菜总产量比重提高到40%，全国主要大中城市蔬菜自给水平持续提升，畜牧养殖规模化率达到83%，设施渔业养殖水产品产量占水产品养殖总产量比重达到60%，有力保障设施农产品的稳定安全供给。

新疆光热资源得天独厚，适宜农作物生长；耕地面积保有量居全国前五，且大多地处平原，适宜规模化、先进技术和大型农机装备推广应用；水资源总量居全国前列，且稳定性高，利用空间很大。新疆打造全国优质农牧产品重要供给基地有基础、有优势。放大格局看粮食安全是"国之大者"，需要新疆为保障国家粮食安全和重要农产品稳定安全供给作出应有贡献，打造全国优质农牧产品重要供给基地是新疆的使命所在、担当所在。近年来，随着农业供给侧结构性改革的深入推进，新疆特色农产品产量持续增长，产品市场覆盖面、区内外认可度、销售量不断提高，新疆特色农产品的市场竞争力不断提升。要坚持把推进农业产业化经营、发展农副产品精深加工作为主攻方向，进一步加快建设农产品疆内收购和疆外销售"两张网"，切实巩固提升外销平台、深化农产品市场开拓，不断延伸产业链、提升价值链、完善利益链，提高农业综合效益。特别是在南疆四地州地区，有关单位和部门要紧盯目标任务，聚焦乡村振兴，用好援疆优势，大力推动农产品外销平台建设，组织好产销对接，建立新疆与内地市场长效合作机制，畅通新疆农产品销售渠道，提高振兴精准度，让特色农产品"卖得掉""卖得好"，有效助力群众增收，巩固脱贫成果。

1.2.2 国家政策指导和引领

2022年中央一号文件《中共中央 国务院关于做好2022年全面推进乡村振兴重点工作的意见》（2022年1月4日）指出，保障"菜篮子"产品供给，稳定大中城市常年菜地保有量，大力推进北方设施蔬菜，提高蔬菜应急保供能力。加快发展设施农业。因地制宜发展塑料大棚、日光温室、连栋温室等设施。在保护生态环境基础上，探索利用可开发的空闲地、废弃地发展设施农业。立足新发展阶段，贯彻新发展理念，构建新发展格局，推动设施蔬菜的高质量发展。

2023年中央一号文件明确发展路径，提出"探索科学利用戈壁、沙漠等发展设施农业"，为戈壁设施农业指明方向。同年农业农村部一号文件进一步细化，支持西北寒旱地区和戈壁地区利用非耕地发展设施农业，并实施设施农业现代化提升行动。

2024年中央一号文件提出推进现代化提升，将设施农业现代化提升行动作为重点任务，强调通过技术改造和模式创新推动戈壁设施农业提档升级。

2025年中央一号文件提出强化科技支撑，聚焦农业关键核心技术攻关，要求优化农业科技创新战略布局，为戈壁设施农业提供技术保障。

《全国现代设施农业建设规划（2023—2030年）》明确提出：在保护生态和不增加用水总量前提下，合理利用各种非耕地资源，科学利用戈壁、沙漠等发展设施农业。坚持科技创新引领，突出科技创新在设施农业发展中的关键作用，促进设施结构、专用品种、智能装备、农机农艺等方面技术研发与集成配套。规划部署实施现代设施农业提升工程、戈壁盐碱地现代设施种植建设工程、现代设施集约化育苗（秧）建设工程、高效节地设施畜牧建设工程、智能化养殖渔场建设工程、冷链物流和烘干设施建设工程等六大工程。建设以节能宜机为主的现代设施种植业：加快传统优势产区设施改造提升，引导潜力区实施非耕地设施农业开发，强化大中城市现代化都市设施农业建设，建设提升现代设施育苗（秧）中心。到2030年，全国现代设施农业规模进一步扩大，区域布局更加合理，科技装备条件显著改善，稳产保供能力进一步提升，发展质量效益和竞争力不断增强。具体目标包括设施蔬菜产量占比提高到40%，畜牧养殖规模化率达到83%，设施渔业养殖水产品产量占比达到60%，设施农业机械化率与科技进步贡献率分别达60%和70%，建成一批现代设施农业创新引领基地，全国设施农产品质量安全抽检合格率稳定在98%。

《"十四五"推进农业农村现代化规划》提出促进果、菜、茶多样化发展。发展设施农业，因地制宜发展林果业、中药材、食用菌等特色产业。强化"菜篮子"市长负责制，以南菜北运基地和黄淮海地区设施蔬菜生产为重点加强冬春蔬菜生产基地建设，以高山、高原、高海拔等冷凉地区蔬菜生产为重点加强夏秋蔬菜生产基地建设，构建品种互补、档期合理、区域协调的供应格局。

1.2.3 地方政府的响应与激励

各地地方政府对设施农业相关政策丰富多样，北京市实施现代设施农业更新工程，分类推动老旧设施提档升级，建设一批现代化设施农业园区，促进设施农业宜机化、节能化、智能化、绿色化发展。强化设施农业新技术集成应用，加快高效智能温室集群等项目建设，积极发展日光温室、植物工厂、集约化畜禽和工厂化水产养殖，开发更多高品质农产品。

陕西省加快推进种植业、果业、畜牧业、渔业、冷链物流等领域现代设施农业更新改造提升，加强农业科技和装备支撑，实施农机装备补短板行动，支持区域农机社会化服务中心建设。实施购置与应用补贴惠农政策，鼓励农民和农业生产经营组织购置先进适用的农业机械。

甘肃省发展现代寒旱特色农业；聚焦扩量、提质、延链、增效"八字诀"，以构建全产业链发展体系为基础，加快农业科技创新；推进现代农业产业技术体系建设，建设一批省级农业科技示范基地，重点解决从产地到餐桌的全产业链科技问题。甘肃省对设施农业建设给予奖补支持，如对农业龙头企业、合作社、家庭农场建设设施，每座中央奖补资金不超过总投资的25%，每个合作社、家庭农场中央奖补累计最高不超过50万元，每家龙头企业累计奖补不超过200万元等。

新疆设施农业相关政策主要体现在财政金融支持、农业补贴、农机购置与应用、农业科技与人才支撑、农业产业化发展以及农业支持保护制度完善等方面。

2020年，新疆启动实施南疆设施蔬菜产业发展三年行动计划，形成了深冬以标准日光温室生产为主，春秋以大小双膜拱棚生产为补充的生产模式。如今，南疆地区设施蔬菜种植面积占全疆种植面积的80%，成为新疆最重要的设施蔬菜生产基地。近年来新疆年均外销果品达 600 多万吨，约占年产果品总量的 80%。阿克苏地区苹果汁生产加工企业向俄罗斯出口苹果汁，南疆地区通过中欧班列将核桃、红枣销往欧洲市场，库尔勒香梨出口到东南亚市场等。新疆蔬菜种植面积达 506 万亩，产量达 1 732 万 t，冬春蔬菜自给能力不断提升。林果面积 2 100 多万亩，果品产量 1 357 万 t，林果提质增效工程持续推进，已成为全国优质特色林果生产基地；番茄加工生产能力和产量居世界第三位。

《2024 年新疆维吾尔自治区粮棉果畜农业特色产业高质量发展的财政金融支持政策》中明确 11 个方面 103 项具体措施，加大对粮棉果畜农业特色产业的财政金融支持力度。其中包括支持高标准农田建设、落实耕地地力保护补贴、支持油料作物种植、推动农田水利建设、支持粮油种业振兴等措施，这些措施为设施农业的发展提供了有力的财政保障。规模化发展补贴：以先建后补的方式支持规模化发展。例如，新建普通日光温室 500 亩以上，对建设主体给予每亩 2 万元补贴；新建塑料冷棚 1 000 亩以上，给予每亩 0.2 万元补贴；新建单体智能温室 50 亩以上，给予每平方 100 元补贴。园区建设奖励：新建或扩建 1 000 亩以上且集中连片达到 1 万亩以上的设施农业园区，所在旗县（市、区）每个园区奖励 500 万元，每增加 2 000 亩再奖励 100 万元，最高不超过 1 000 万元。

《2024—2026 年农机购置与应用补贴实施意见》中规范了农机购置与应用补贴政策，旨在推动农业机械化全程全面高质量发展，有效支撑粮食和重要农产品的稳定安全供给。通过补贴政策，鼓励农民购置先进的农业机械，提升农业生产效率。

2025 年 1 月 5 日，自治区党委十届十三次全会召开，提出高质量建设"十大产业集群"，为新疆的产业发展描绘了新的蓝图。新疆拥有丰富的林果蔬菜资源，为绿色有机农产品加工业的发展提供了有利条件。通过加强品牌建设、提高产品质量和市场竞争力，新疆的优质果蔬产业已成为国内外市场的重要供应商，绿色有机果蔬产品受到了市场的欢迎，实现了蔬菜的四季供应和果香的四季飘散。

1.3 戈壁设施农业高质化发展优势与短板

戈壁设施农业高质化发展不仅是应对资源约束、保障粮食安全的战略选择，也是推动农业现代化、促进生态保护与经济发展的重要途径。通过技术革新和产业升级，戈壁设施农业能够实现资源高效利用、生态保护与经济效益的统一，为乡村振兴和农业可持续发展注入新动能。

1.3.1 土地优势

我国西北地区存在广阔的戈壁，总面积达 56 万 km²，在戈壁、沙石地、盐碱地、沙化地、滩涂地等不适宜耕作的闲置国土上发展戈壁设施农业，可充分利用土地和光照资源。以新疆为例，新疆地域辽阔，戈壁、沙漠、国有未利用地面积大，利用戈壁、盐碱和荒漠土地发展戈壁设施农业可缓解耕地短缺问题，发展设施农业空间广阔，不仅不占用耕地，还可以改造戈壁沙漠，使其具备远超过耕地的农业生产能力，具备落实习近平总书记向戈壁要食物要求的条件。新疆已形成多个设施蔬菜万亩县（市、区），到 2023 年全疆已建成在用大棚 100 多万座，南疆戈壁农业发展到近 7 万亩。

1.3.2 资源优势

戈壁地区光照充足、空间广阔、没有污染，为发展高品质果蔬提供了良好条件。例如新疆地处欧亚大陆中心，是世界离海最远的区域之一，空气干燥含水量低，热平衡能力差，导致昼夜温差大，植物生长干物质积累多，产出的果蔬品质好，湿度低、病害少，产品可达到绿色甚至有机标准。

新疆光、风资源在全国适宜农业生产地区名列前茅，太阳辐射最好的和田地区冬季的日累积光照量可以达到 18 mol/（m²·d）以上，为设施农业发展提供了热源，提高了光合利用率，为增产提质提供了有力支撑；光伏发电和风能发电面积大，装机容量达到 6 203.8 万 kW，为发展"农光风互补"集约化规模化现代设施农业提供了有利条件。

1.3.3 战略优势

（1）保障国家粮食安全和农产品供给

戈壁设施农业的发展能够增加农产品产量，尤其是反季节蔬菜、水果等高附加值产品，丰富市场供应，稳定物价。

在耕地资源紧张的背景下，戈壁设施农业为保障粮食安全提供了新的路径。

（2）推动农业高质量发展

高质化发展强调技术驱动和产业升级，通过引入先进技术和装备，提升农业生产的科技含量和附加值。促进农业产业链延伸，推动农产品加工、冷链物流、乡村旅游等融合发展，增加农民收入。

（3）促进区域经济发展和乡村振兴

戈壁设施农业的发展带动了当地就业，尤其是为农村剩余劳动力提供了新的就业机会，促进了农民增收。通过产业集聚效应，推动区域经济发展，助力乡村振兴战略实施。

（4）增强农业抗风险能力

设施农业能够抵御自然灾害（如干旱、风沙等）的影响，保障农业生产的稳定性。智能化管理系统的应用，提高了农业生产的精准性和效率，降低了市场风险。

（5）推动"一带一路"农业合作

我国西北地区戈壁资源丰富，发展戈壁设施农业有助于打造面向中亚、西亚的农产品出口基地，促进"一带一路"农业合作与贸易。新疆地处"一带一路"核心区，是国家向西开放的"桥头堡"，凭借"五口通八国，一路连欧亚"的区位优势，其周边国家甚至远达欧洲，都是新疆设施产品潜在消费市场。

1.3.4 问题与短板

1.3.4.1 资金投入大，运行机制不完善

戈壁设施农业属于资金密集型产业，其建设成本高昂，包括水源工程、电力工程、道路、水系、防护林带等基础设施建设资金量大。普通日光温室按亩投资25万元，1万亩投资高达25亿元；若按现代智能温室计算，亩投资将在110万元以上，1万亩投资高达100亿元以上。涉农企业、农民合作社等主体大多处于起步发展阶段，仅靠自身投资远远解决不了建设费用，资金短缺是当前制约戈壁农业建设的最大瓶颈。

多年来，新疆各地利用项目资金、援疆资金、乡村振兴衔接资金等投入设施建设，从前期的补助棚膜、钢架、棉被等轻资产投入，到后期的建设设施农业园区等重资产投入，有力推动了设施农业规模扩张和生产水平提升，但由于运行体制机制、生产经营模式等原因，出现设施建设与生产使用"两层皮"现象。主要表现在：设施建设者与生产经营者脱节分离，建设资金中政府资金占比较大（总投资284.1亿元，其中政府投资170.4亿元，占总投资60%），这体现出政府对这项工作的重视和支持，但按照政府资金项目管理办法要求，建设主体是政府部门，通过招标确定项目建设单位，导致出现如下问题。

（1）建设成本增高而质量降低

政府主导设施建设需要履行相关程序导致成本增加，在设施选型上追求豪华、高大上、过度装修，与自建棚比较，生产者自建棚成本300元/m^2左

右,而政府招标建棚在 500 元 /m² 以上。忽视了很多细节:通风口设计不合理,缺少固定装置,棚膜拉伸不紧出现褶皱,防滴流作用失效,棚内滴露导致病虫害加重。棚室内作业通道过高,导致生产者劳动量增加,职业病发生率提高。施工质量不高,设施保温能力差,导致补温成本上升等。

(2)产权确定难

存在政府投资导致棚室不动产权难以确定到生产者手中,生产者不能利用不动产融资,同时由于不是自己的资产,生产者在维修改造等方面持续投入的积极性不高,没有长远打算,只是勉强维持眼前生产。

(3)资产报废制度缺乏

新疆 20 年以上棚室 5.32 万亩,占比达 8.8%;10～20 年棚室 20.7 万亩,占比 34.7%,由于设施棚型、结构、材料落后,年久失修损坏严重,维修改造价值不大,拆除新建又因无报废制度存在国有资产流失问题,导致"改建不划算、新建不合规,闲置要问责",成了"烫手山芋"。

(4)生产经营机制不活

生产经营中设施生产者的生产经营自主权受到较大限制,设施生产成本高、负担重,真正有市场、懂管理、懂技术的生产主体不愿来,运行机制受限,应立即采取灵活多样、符合经济规律的运行机制模式,最大限度支持设施生产主体自主经营,实现盈利并逐步发展壮大。

1.3.4.2 科技支撑能力不足

设施农业是集现代农业技术、现代设施装备、现代智能为一体的技术密集型产业,需要一批懂技术、会经营、善管理的专业技术人员和新型职业农民。然而,当前戈壁农业发展的技术多是借鉴其他地区的发展经验,科技装备和服务推广体系还不能满足发展需要。运用科技放大优势、解决短板问题,推动新质生产力发展是新疆设施农业能否持续健康发展的关键,专业技术人才紧缺,栽培新技术、新工艺研发推广实效性不强,导致戈壁设施农业的科技支撑能力不足。

(1)关键核心技术有待突破

目前新疆缺乏对设施农业在"提高光能利用率、低成本增温保温、咸水淡化循环利用、无土新基质栽培、智能化设施环境控制、绿色防控技术、特色优质新品种、设施生产加工新装备新工艺"等关键核心技术的系统研究和有力攻关,特别是在设施建设与生产经营全过程中,运用新能源、新技术、新工艺、新装备确保设施适宜生产温度,生产特色优质高附加值产品,降低比较成本,提高比较效益,增强产品市场竞争力是核心关键破题点。近 20

年，新疆在设施建设、技术集成、人才培养上取得了较大进展，也引进了山东、河北等地先进经验与模式，但总体来看，还不能解决新疆一直以来存在的短板问题和适应新形势下的设施农业发展需求，"卡脖子"问题限制了新疆设施农业进一步发展，甚至出现萎缩退步现象。

（2）专业人才匮乏

基层农业技术推广服务人才队伍短缺，特别是懂设施装备的人才、设施栽培研究的人才短缺。加强设施农业生产、经营管理人才培养，通过人才交流、技术培训、现场指导等多种方式，推动先进技术应用、高素质农民培育与戈壁设施农业发展紧密结合。

1.3.4.3 定位不清，发展盲目，需加强健全产业链

对设施农业新形势没有充分认识，对本地优势、短板、产业定位、关键技术、目标市场、成本效益等没有深入研究，在规划布局上没有进行充分的科学论证，对制约当地设施农业发展的障碍要素未能聚焦突破，在生产经营模式机制上没有遵循经济规律，在政策保障机制上没有抓住关键环节，对发展什么？怎么发展？谁来发展？没有谋定后动，甚至个别地区追求"高大上"，设施农业成了政绩工程，一定程度上出现了"闲置烂尾"现象。

（1）空置率不容忽视

除少部分企业、传统设施种植区、小规模特色品类具有一定效益，大部分设施生产者举步维艰，由于生产成本高、产品竞争力弱，经济效益差，新疆地产设施蔬菜的冬季市场占有率仅为21%。各地采用行政措施对设施生产进行绩效问责，在客观上推动了闲置设施的种植盘活，但由于生产技术、管理水平、比较成本、市场销售等方面原因，种上了不代表有效益，可能造成新的损失风险。

（2）经营主体力量有待加强

新疆蔬菜生产设施建设规模扩张迅速，而懂技术、会管理、善经营的设施生产者群体增速较慢。虽然近年来从山东、河北等地引进部分优质企业与高素质设施生产者，但占比较小，以本地生产者作为主要设施生产主体。本地设施生产主体素质相对较低且参差不齐，在大设施生产时代的品种选择、栽培技术、市场信息、流通销售等重要环节认识不够、能力不足、信息不对称、渠道不畅通，对接市场能力差，常发生"丰产不增收，有货无价格，有价无产品"等问题，影响了设施生产收益。

（3）产业链延伸与壮大不到位

大部分设施生产者局限在设施种植环节，向产品分级、初加工、深加工延伸不到位，缺少具有带动能力的龙头企业，未形成区域性主导产业、专业化服务和全产业链集聚效应。产品标准不统一，集约化程度不高，产后初加工滞后，产品质量不高，供货不稳定、不持续。设施产品产地初加工薄弱、深加工几近空白，最基本的分级包装上市只有小部分生产企业能够做到，附加值低，浪费严重。产业化龙头企业较少且带动能力不足，大部分企业勉强维持生产，不具备组织全疆设施生产经营者应对市场挑战、参与国内外经济双循环的能力，新疆设施产品占据本地市场尚有困难，更难以打入国内外市场，仅有个别品类输入国内外市场。

1.3.4.4 政策保障不完善

（1）设施建设政策不完备

虽然政府投入大量设施建设资金，但投资效能不高、产权不清、机制不优、负担较大，未能调动生产者积极性。部分设施用地近几年被划定为基本农田，面临退出或者报废后退出问题，影响了继续投资积极性，由于设施生产基地建设投入较大，涉及水、电、路、加工等配套设施较多，一旦退出会造成巨大浪费。

（2）设施生产政策不完备

设施生产主要在冬季，主要需要地下水供应，尤其是戈壁设施农业更需要地下水源保障，部分地区地下水资源使用受限，亟待研究出台设施生产与生态环保、水资源合理利用相协调的政策机制。

（3）设施产品加工政策不完备

设施产品加工是降低损耗，提高全产业链价值的关键环节，该环节几近空白，出台政策引进培育壮大设施产品分级包装、初加工和深加工企业，组织带动全产业链提档升级、价值链增效是必由之路。

（4）设施产品销售政策不完备

运距长、成本高、储存难，信息不畅、营销模式落后，产品开发能力、市场开拓能力弱，品牌缺失、市场竞争力弱，缺少有规模、有影响力、有带动力、能够融入国内大循环、国际双循环的蔬菜集散市场等，应出台相关支持政策。

（5）设施社会化服务政策不完备

高素质生产经营群体少，设施农业担负着巩固脱贫攻坚成果，安置脱贫群众的任务，而这部分群众素质有待提升，劳动效率低，缺少独立生产能力，需要出台政策支持社会化服务组织代种代管代销。

(6) 财政金融支持政策不完备

财政近年来投入虽然很大,但绩效不明显。金融支持政策由于产权等问题,贷款覆盖几近空白。设施防灾、减灾、救灾未纳入国家农业政策性保险范围,仅靠少量救灾资金支持等。

1.3.4.5 品牌建设力度不强,竞争力弱

在戈壁农业的发展过程中,还存在品牌建设力度不足的问题。戈壁农业发展时间较短,在质量控制标准体系、农业生产标准化等建设方面还未得到完善,影响了品牌的建设。同时,各生产地区宣传力度不够,品牌意识不强,在打造具有本地区特色戈壁农业方面力度不足。

(1) 戈壁地区温差大,能耗高

按照蔬菜瓜果的生长发育规律,夜间最低温度茎叶类蔬菜不能低于10℃,茄果类蔬菜不能低于15℃,瓜类不能低于17℃,果树不能低于0℃。根据中国农业大学研究团队对新疆太阳辐射、气温、热平衡等数据的计算,在新疆生产茄果类蔬菜光温条件最好的和田地区,深冬生产茄果类蔬菜也需要补温,采暖热负荷50～100W/m²,日采暖需求在2～4MJ/m²。室内气温每增加1℃成本增加20～28元/(亩·d)。而我国海南、云南、广西等蔬菜生产大省纬度低、气温高,可以实现全季露地生产,既没有增温补温的需要,也没有设施建设投入回收的压力,综合生产成本远远低于设施生产成本,通过长途运输加上运费,合理收益仍然低于设施农业生产成本。

(2) 竞争力不足

戈壁地区设施蔬菜虽然品质好,但是在较大的价格差异下,市场竞争力还是低于南方露地蔬菜。虽然可以开展错季生产,但受深冬最冷季节限制,只能避开最冷季节安排生产计划,错季生产空间不大,更无法实现工厂化持续生产供应。以番茄为例,设施番茄一般每年3月上市,市场销售价格一般在8～10元/kg,5月市场销售价格降至2～3元/kg,主要原因是海南、云南等南方产区番茄进入市场;新疆光温条件最好的和田地区,设施番茄生产成本在1.95元/kg左右;海南露地番茄生产成本为0.85元/kg左右,海南至乌鲁木齐运费为0.55～0.67元/kg,合计1.40～1.52元/kg,比新疆番茄成本低0.5元/kg(新疆番茄尚未计算运输成本),给新疆番茄生产造成巨大冲击。

(3) 农产品利润有限

虽然戈壁地区番茄生产可以调整定植与上市季节,与海南番茄错季上市,但按照资本趋利性原理,只要利润足够大,根据海南番茄光温条件可以随时调整定植与上市时间,持续与戈壁地区设施产品形成竞争,戈壁地区始终处于被动状态,在夹缝中生存,难以做大做强。

1.3.5 对策与建议

(1) 建立戈壁设施农业产业技术体系

建立戈壁设施农业产业技术体系,设立戈壁设施农业首席科学家,统筹设施农业科研、教学、推广、生产等各级技术力量;实行首席科学家负责制,设立二级、三级岗位,建立行业管理制度,创新管理机制。设立专项资金,由首席科学家统筹支配,发展改革、财政、农业等行政部门监管。首席科学家一届任期五年,优者连任,更优者竞争上岗,各级岗位五年调整一次,增优去劣。建议设施农业产业技术体系专项资金每年2 000万元,一期五年。

(2) 加强设施农业育苗基地和配送中心建设

以乡镇区域范围内为主,加强设施农业育苗基地和配送中心建设,发展集约化统一育苗,切实提高育苗质量。引进新型自动穴盘播种生产线,提高育苗播种自动化和智能化程度。大力推行集中育苗、集中供苗,实行设施农业生产、品种精确化管理,杜绝劣质苗木流向设施农业。选择优质品种,建设集中育苗点,提高育苗技术,增强育苗队伍,做好育苗布局,提高蔬菜育苗、供苗能力。

(3) 老旧温室改造升级,降低空棚率

主要是针对温室保温性能差、结构简单、抗灾害能力弱、老化严重等现象。改造方向主要有:薄土墙温室改造、短薄后屋面改造、仰角改造、更换保温被、棚膜等;根据需要,重点在南疆四地州建立老旧温室改造关键技术示范,针对近年老旧温室以及年久失修的温室开展温室墙体及后屋面加固、拱架加固、棚膜更换、脊位比调整等措施降低空棚率,大力提高温室的标准化程度和抵御灾害的能力。

(4) 集成示范设施装备机械化生产技术

围绕设施轻简化智能装备技术,集成并推广适合不同区域的立体高效栽培模式,引进开发如温室水肥灌溉精准化控制设备、CO_2气肥增施技术及设备、蔬菜移栽机、起垄机、开沟机、喷雾机、烟雾机等耕作、植保轻简智能化装备,降低温室生产和运行成本,促进南疆设施农业从传统经验式管理向现代智能化管理、资源浪费型向资源高效利用型转变,提升设施农业的工业化和机械化生产水平,提高劳动生产率。

(5) 加强戈壁设施农业技术团队建设与从业人员技术培训

建立戈壁设施农业技术推广机构体系,稳定县乡设施农业技术团队,固定专业技术人员并开展大范围的技术培训，逐步培育既懂设施装备又精通技术的专业人员，其中：县级专业人员8～10人，乡镇级2～3人。高校、科研单位联合科研、教学、生产及管理部门，逐级在市、县、乡、村进行设施农业相关技术培训，重点培训各级农业专业技术人员，各地专业技术人员逐级培训乡镇农民专业技术人员、合作社及农民种植户，通过集中授课、现场指导、委托培训、发放技术资料等多种形式，使广大技术人员及农民掌握设施农业高产、优质、安全生产技术。

1.4 戈壁设施农业新质生产力

戈壁设施农业新质生产力是以科技创新为核心驱动力，通过整合土地、劳动力、资本、技术、数据等要素，推动农业生产方式、组织形式和产业模式深刻变革，从而实现农业高质量发展的一种新质生产力形态。

1.4.1 内涵

新质生产力以科技创新为引领，通过技术革命性突破、生产要素创新性配置和产业深度转型升级，形成具有高科技、高效能、高质量特征的现代农业生产力。在戈壁设施农业中，新质生产力体现在生物育种、无人机技术、人工智能、数字农业等前沿领域的应用，推动农业生产智能化、精准化。

1.4.2 技术革新

戈壁设施农业广泛应用水肥一体化、温湿度自动化调控等多项人工智能技术。通过安装在大棚内的传感器，实时监测土壤湿度、温度、光照等环境参数，并将数据传输到控制中心。技术人员根据数据，远程控制灌溉、施肥、通风等设备，实现精准化管理。例如，和田地区的设施农业普遍采用这些技术，提高了劳动效率，降低了人工成本，还显著提高了农产品的产量和质量。要素重组：优化土地、资本、数据等传统要素配置，引入知识、技术、管理等新型要素，提升全要素生产率。戈壁设施农业用基质代替土壤，解决了在盐碱地、戈壁滩、荒漠地等非耕地上进行生产缺土的问题，同时减少了农药、化肥施用量，比普通大棚节肥30%、节药67%以上。配套膜下滴灌及微喷灌，用水量仅为大田用水量的一半，大幅度地提高土地资源、水资源、光热资源利用率和劳动生产率。

1.4.3 业态创新

拓展农业多功能性，如农旅融合、预制菜加工、碳汇交易等，推动一二三产业融合。水发神农集团有限公司创新业态融合方式，项目依托设施农业产业，分别向农批市场、仓储物流、精深加工等方向延伸产业链，形成"产业链相加、价值链相称、供应链相通"的全产业链发展格局。优势节水高效：戈壁设施农业采用新型节水灌溉技术，如膜下滴灌和微喷灌技术精准灌溉，每亩用水量相比较传统农业而言，节约了40%左右，有效节约了用水，提高了农业用水的利用效率。例如酒泉市肃州地区戈壁农业的发展就促进全区年节约用水 1.3 亿 m^3。

1.4.4 高质优产

戈壁设施农业实现了周年四季生产，大幅度提高了产量。采用的基质材料是戈壁砂石土和经过发酵、腐熟和消毒的有机基质，且远离主要农区，可有效减少土传病害的发生，产品可达到绿色甚至有机标准。戈壁设施农业通过有机质栽培技术，在非耕地发展设施种植业，减少了化肥和农药的使用量，降低了农业面源污染风险。同时，设施农业的建设和运营也促进了当地生态环境的改善，如防风固沙、保持水土等。戈壁设施农业新质生产力的发展对于推动农业现代化、实现乡村振兴和保障国家粮食安全具有重要意义。它不仅能够提高农业生产效率和产品质量，还能够促进农业与二三产业的融合发展，拓展农业的多功能性。同时，戈壁设施农业的发展也有助于缓解耕地资源紧张的问题，保护生态环境，实现可持续发展。

1.4.5 发展前景

当前戈壁设施农业面临设施结构不尽合理、专用优良品种缺乏、配套机械装备不足、光热资源利用率低等瓶颈问题。但随着科技的不断进步，通过加强科研攻关，如围绕戈壁沙漠设施结构创新、培育专用蔬菜品种、提高光热资源利用效率、降低栽培基质成本和创制高效生产自动化成套装备等方面开展研究，有望加快攻克核心技术难题，带动非耕地设施种植规模稳步扩大，为新质生产力的发展提供技术支撑。

随着国民消费水平不断提高，人们对食品质量和食品安全越来越重视，对优质新鲜农产品的需求日益旺盛。戈壁设施农业能够生产出高品质、绿色无公害的农产品，满足市场对优质农产品的需求。例如，新疆和田地区的戈壁设施农业基地生产的蔬菜、水果等农产品，不仅在当地市场畅销，还逐步开拓了周边及更广阔的市场。

戈壁设施农业通过有机质栽培技术，在非耕地发展设施种植业，减少了化肥和农药的使用量，降低了农业面源污染风险。同时，设施农业的建设和运营促进了当地生态环境的改善，如防风固沙、保持水土等。这种生态友好的生产方式符合可持续发展的要求，有利于实现农业生产与生态保护的良性互动，为新质生产力的发展提供了良好的生态环境基础。

戈壁设施农业具有低投入、高产出、高品质的特点，能够实现周年四季生产，大幅度提高产量，而且产品可达到绿色甚至有机标准，在市场上能够获得较高的价格。此外，戈壁设施农业的发展还能带动相关产业的发展，如农产品加工、物流运输等，从而创造更多的就业机会和经济效益。

戈壁设施农业的发展有助于解决耕地短缺问题，提高西部农民收入，促进区域经济发展和乡村振兴。例如，新疆和田县万亩设施农业基地带动稳定就业2 000余人，辐射带动相关产业链5 000余人就业，让当地农民实现了在家门口就业增收，提高了农民的生活水平，促进了社会的和谐稳定。

第 2 章
戈壁设施农业水资源管理与高效利用技术

　　水是生命之源、生态之基、生产之要,是万物生长与人类文明延续不可或缺的基础资源。从两河流域到长江文明,历史反复印证着"人择水而居,城因水而兴"的客观规律,水资源始终在推动社会发展中发挥着核心作用。在农业生产领域,水更是关系国家粮食安全和可持续发展的命脉资源。

　　当前,新疆作为我国重要的农业产区,正面临水资源短缺与地下水盐碱化的双重压力,严重制约着农业现代化的进程。在此背景下,设施农业凭借其环境可控、集约高效的特点,成为推动区域农业结构优化和提质增效的重要路径。然而,尽管设施农业在提高产量和资源利用效率方面展现出显著优势,其发展过程中也暴露出新的水资源利用与水环境管理问题。一方面,由于新疆地表水资源时空分布不均,农业生产大量依赖苦咸水、微咸水甚至地下高盐水灌溉,增加了作物根系的渗透胁迫和盐分累积风险,进而影响产量与品质。因此,发展高效、低能耗的盐碱水淡化技术,保障设施农业水源安全,是实现可持续发展的关键。在此过程中,节水灌溉与精准用水技术也发挥着不可替代的作用。通过滴灌、水肥一体化等措施,不仅有效提高了水分与养分利用率,也在一定程度上降低了盐分在土壤中的积聚风险,延缓土壤退化过程。另一方面,设施种植过程中产生的大量栽培营养液废液、灌溉尾水等含有较高浓度的氮、磷、钾养分及部分农药残留,若未经科学处理便直接排放,不仅造成水肥资源的浪费,还易引发土壤次生盐渍化、水体富营养化等环境风险。

　　因此,在新疆戈壁设施农业生产中,构建集成基于水质调控、节水灌溉与废水资源化及无害化处理技术的水资源的科学管理和循环利用体系尤为关键。如何实现水的合理配置与高效利用,如何通过水处理技术减缓环境压力,已成为设施农业可持续发展的核心课题。

　　基于上述背景,本章系统整合设施农业水循环利用领域的前沿理论与创新技术，构建"节水增效—水质管控—末端治理"三位一体的技术体系，旨在全面提升农业用水效率，保障特色农产品质量安全，建立水环境保护的长效机制，为实现区域农业绿色、可持续发展提供系统化解决方案。

2.1 设施农业与水的关系概述

2.1.1 设施农业中水资源的重要性

在设施农业中，水资源是维系系统运行的核心要素，其重要性体现在生态平衡、经济效益和生产效率提升的协同作用中。尤其在干旱、半干旱地区（如新疆），水资源的高效利用直接关系到设施农业的可持续发展。

2.1.2 设施农业对水资源的特殊需求

设施农业因封闭式环境、精准化生产及区域资源约束等特点，对水资源利用有着区别于传统露地农业的特殊技术要求。这种特殊性既体现在水量调控的精确性上，也反映在水质管理、系统协同及环境适应性等维度，形成多维度的技术需求体系。

（1）封闭环境下的水循环重构是首要特征

设施内部形成独立于自然环境的微气候系统，导致水循环路径发生根本改变。例如，温室覆盖材料（如PO膜）虽大大减少了水蒸发损失，却要求更精细的水分补偿机制——以乌鲁木齐某番茄温室为例，每平方米每日需通过灌溉补充0.8～1.5L蒸腾损失水，且需配合湿度传感器实时调节。这种环境特性还带来水—气耦合需求：与大田相比，当设施内部CO_2施肥浓度提升后，需同步降低空气湿度以防止结露，这对灌溉系统的动态响应提出严苛要求。

（2）精准水肥协同的阈值控制构成核心需求

设施作物根系生长空间受限，要求灌溉系统在时间精度、空间均匀性上达到更高标准。如黄瓜结果期需确保根区湿润体积占比85%以上，而灌溉脉冲需精确至8～12 min/次；草莓花期则需将湿润体积控制在70%以上，脉冲时长缩短至5～8 min。水质参数的控制窗口也更为狭窄：pH值需稳定在5.8～6.5（传统农业允许pH5.5～7.0），溶解氧≥4 mg/L（传统农业为≥2 mg/L），否则易引发滴头堵塞或根系缺氧。

（3）非常规水源的适应性利用成为干旱区的刚性需求

新疆设施农业已发展出特色解决方案：艾丁湖流域某温室通过电磁处

理+生物炭过滤技术，实现 3～5 g/L 微咸水的安全利用，盐分截留率＞85%；吐鲁番某光伏温室利用倾斜屋面收集雨水，年集水量达 38～45m³/亩（收集效率 0.85），配合人工湿地净化工艺（COD 去除率＞90%），形成"雨水—微咸水—尾水"三级循环体系。这类系统在克拉玛依沙漠温室的应用中，成功将土壤盐分稳定在 1.8～2.3 dS/m 安全区间，保障作物正常生长。

（4）动态抗逆调控能力是应对极端环境的关键

新疆设施农业需解决沙尘暴导致的滴灌带堵塞问题——通过每 2h 进行 30s 的高频脉冲冲洗，可将堵塞率从 35% 降至 8% 以下；冬季灌溉则需采用 25～30℃温水，防止低温引发根系冷害，尽管这会增加 18%～25% 的能耗成本。数字技术的介入强化了系统韧性，如石河子某基地开发的需水预测模型，通过整合蒸腾量、遮阴系数等参数，使灌溉决策精度提升至 90% 以上。

这些特殊需求催生出"三高三性"的技术标准：控制精度、执行频次、系统协同（水—肥—气响应），以及抗逆性、再生性和智能性要求。新疆吐鲁番连栋温室的实践验证了这种体系的可行性——通过组合雨水、微咸水与再生水，实现单方水产值 52 元（较传统提升 86%），同时将肥料利用率提升至78%。这种技术演进不仅回应了设施农业的特殊需求，更为干旱区农业可持续发展提供了范式。

2.1.3 新疆戈壁设施农业水资源利用现状与挑战

（1）水资源利用现状

新疆地处亚欧大陆腹地，远离海洋，四周高山环抱，是典型的温带大陆性干旱气候，水资源极为有限。年均降水量 190 mm，为全国平均降水量的 1/4，是全国降水量最少的地区。但近年来随着设施农业的快速发展，对水资源的需求持续增长。当前，新疆设施农业在一定程度上推广了微灌溉、水肥一体化等节水灌溉技术，特别是在温室种植、棚室栽培等领域有较为广泛的应用，提高了单位面积产出和水资源利用效率。然而，在部分区域仍存在灌溉方式粗放、传统灌溉方式未完全淘汰的问题，水资源调配体系不健全，地下水过度开采、水资源利用结构不合理等现象依然存在，亟须通过技术与管理手段的协同优化，实现设施农业用水的高效可持续发展。

（2）面临的主要挑战

新疆戈壁设施农业在水资源利用方面面临多重挑战。首先，水资源本底条件差，降水少、蒸发强，用水主要依赖冰川融水、地下水及引调水工程，受气候变化和水源波动影响大。其次，设施农业区域在灌溉系统建设和运行管理上仍存在短板，一些灌区灌溉设施老化、管理粗放，导致水资源浪费严重。同时，农户节水意识薄弱、精准灌溉技术推广不充分，制约了水资源利用效率的提升。此外，农业再生水和非常规水源利用率低，也未形成完善的政策支持和技术体系。在资源承载与农业发展需求的双重压力下，亟须通过制度创新、技术集成与管理提升共同推进水资源的节约与高效利用。

2.2 戈壁设施农业水资源高效利用技术

2.2.1 节水灌溉技术

节水灌溉是随着水资源短缺问题加剧和灌溉科学发展而兴起的交叉学科，其核心目标是通过系统性技术手段优化水资源配置、减少无效损耗，以最小水量实现作物需水精准供给。在新疆等干旱区，该技术已成为破解"农业需水刚性增长"与"水资源总量约束"矛盾的关键支撑。

从技术构成维度，节水灌溉体系包含几大协同模块：①输配水管网优化以减少灌溉输水过程的水量损失；②田间精准灌溉以减少水量蒸发；③智能用水管理（物联网监测系统）。其作用机理贯穿"水源—土壤—作物"全链条：首先通过渠道、管道降低输水损失率；其次采用微灌设备将水分均匀分配至根区；最后作物通过蒸腾作用将土壤水转化为生物量。

2.2.1.1 渠道防渗技术

对渠道进行防渗处理可以有效减少渠道输水过程中的渗漏损失。主要的渠道防渗技术如下。

（1）砌石防渗技术

该技术通过砌筑卵石、块石、料石或石板等石料作为护面层，具有抗冲击、抗冻、耐磨、耐久性好以及施工简便的优点。适用于石料资源丰富，且对抗冲、抗冻和耐磨性能有较高要求的渠道工程。然而，该方法的防渗效果相对较差，难以充分保障防渗性能。

（2）混凝土防渗技术

以浇筑或砌筑混凝土作为护面层，具备良好的防渗性能、抗冲击性和耐久性，适用范围广，是目前应用最广泛的渠道防渗措施之一。其施工方式包括现浇、预制和喷射等多种形式，适应性较强。

（3）沥青混凝土防渗技术

通过铺筑或砌筑沥青混凝土作为护面层，具有优良的防渗效果和较强的地基变形适应能力。其造价与混凝土防渗技术相近，在存在冻害的地区表现出明显优势。但需注意沥青材料的稳定供应，以保障施工质量与进度。

（4）膜料防渗技术

采用土工膜、塑料薄膜、油毡、膨润土防水毯等材料进行铺设，以减少渠道水量的渗漏损失。该技术防渗效果好，材料轻便，运输方便。若采用土料作为保护层，造价较低，但占地面积较大，且限制允许流速；如使用刚性保护层，虽然造价较高，但更适用于中小型渠道的衬砌需求。

总之，渠道防渗技术的应用能够显著提高输水利用率，增强渠道稳定性和输水能力，有助于调控地下水位，防止土壤次生盐碱化和沼泽化，同时降低施工、管理和维护成本。工程实践表明，这些防渗措施可减少70%～90%的渗漏损失，降低管理养护费用约70%，并可将渠系灌溉水利用系数提高至0.6～0.85。近年来，我国在渠道防渗技术的研究方面不断取得进展，防渗材料性能持续增强，并逐渐向复合型材料发展。与此同时，渠道结构形式更加多样，施工方式也朝着机械化和半机械化方向不断演进。

2.2.1.2 低压管道输水技术

低压管道输水技术是以地埋式压力管网替代传统明渠的输水模式，通过 0.002～0.2 MPa 的低压将灌溉水精准输送至田间，系统由首部取水枢纽（含过滤及加压装置）、输配水管道网络和田间智能出水口三部分构成。其核心优势体现在：①节水性能突出，地埋设计消除输水渗漏与蒸发损失，水利用系数达 0.95 以上；②综合效益显著，输水能耗降低 30% 左右，轮灌周期缩短 40% 左右，且管道埋设减少耕地占用 2%～3%，适配复杂地形并支持机械化耕作；③推广适用性强，设备简易、运维成本低，可匹配多样化水源与作物需求。该技术在全球广泛应用，美国自 1984 年已有 40% 以上灌区实现管道化，以色列、瑞典等国管道输水占比超 90%。近年来，美国将其列为最具成本效益的节水方案，50% 大型灌区完成系统化升级。在我国，该技术不仅用于农田高效灌溉，更在景观绿化领域发挥重要作用，成为实现"节水优先"战略的关键技术支撑。

2.2.1.3 微灌技术

微灌技术是一种通过低压管道系统精准控制水量，将水直接输送到作物根区的节水灌溉方式，其核心类型包括：滴灌、微喷灌、渗灌、涌泉灌和雾灌。

（1）滴灌

滴灌是通过管道末端的滴头或滴灌带，以水滴形式缓慢、均匀地将水分直接输送至作物根部土壤的一种灌溉方式。其工作原理是低压水流通过迷宫式流道滴头，形成稳定流量，直接湿润根区，从而提高灌溉效率。滴灌具有显著的节水效果，可节水30%～50%，水分利用系数高达0.9以上；同时能够抑制杂草生长，防止土壤板结，尤其适用于坡地、沙漠等地形复杂区域。然而，滴头易被泥沙或矿物质堵塞，需定期冲洗维护；此外，盐分可能在湿润锋边缘积累，需配合定期淋洗措施。该技术广泛应用于果园（如葡萄、柑橘）、温室大棚蔬菜（如番茄、黄瓜）以及大田经济作物（如棉花、甘蔗）的灌溉中。

（2）微喷灌

微喷灌通过微喷头将水雾化或形成细小水滴，局部喷洒至作物冠层或根部，实现均匀灌溉。其原理是通过压力水流经旋转式或折射式喷头，将水覆盖至圆形区域。该技术不仅能够提高灌溉均匀度（达80%～90%），而且具有调节田间小气候的功能，如在夏季草莓大棚中可实现降温增湿，特别适合密植作物。然而，在风力超过3级的环境下，喷雾易发生飘移，导致水分损失，同时地表湿润易引发病害，需配合地膜使用以减少病害发生。微喷灌常应用于花卉苗圃、设施园艺（如玫瑰、蝴蝶兰）及茶园（如福建安溪铁观音茶园）的高效灌溉管理。

（3）渗灌

渗灌是一种将多孔渗灌管埋设于地下20～50 cm深处，通过毛细作用缓慢湿润作物根区的灌溉方式。其运行依赖于低压水从渗灌管微孔渗出，在地下形成连续湿润带。渗灌可显著抑制土壤蒸发，节水率达60%～80%，同时减少盐分在地表聚集，如在新疆棉田中能降低表层盐分达30%。然而，该系统一旦堵塞，维修难度较大，需配备反冲洗装置以保持管道通畅，此外，根系生长也可能受到湿润区域的限制。该技术适用于干旱地区的大田作物（如玉米、小麦）及盐碱地的改良利用，如黄河三角洲地区的棉花种植。

（4）涌泉灌

涌泉灌是通过安装涌水器，以小流量水流将水直接灌入作物根区的一种局部灌溉方式。其原理是低压水流通过涌水器形成连续或间歇性水流，湿润半径一般为0.5～1.5 m。该技术具有抗堵塞性强的优势，适合用于水源含沙量高的地区，如黄河灌区；此外，涌泉灌能有效湿润深层土壤，促进深根型果树（如核桃、苹果树）的生长。但其缺点在于地表径流风险较高，需配合修建沟槽或围堰以防水流外溢；同时单位面积的投资成本比滴灌高20%～30%。该技术常用于枣树、橄榄等果树以及防风林带（如三北防护林）

的灌溉管理中。

（5）雾灌

雾灌是一种将水雾化成直径 50～200 μm 微小水滴，通过高压喷嘴悬浮于空气中供作物吸收的灌溉技术。该系统通过 0.3～0.5 MPa 的高压将水经离心式雾化喷头处理后形成雾状水汽，在封闭或半封闭环境中使用效果尤为显著。雾灌能有效提升空气湿度至 80%～95%，适用于喜湿作物（如食用菌、兰花）；同时可与农药喷洒联动，实现灌溉与病虫害防控的双重功能。其不足在于能耗较高，比滴灌增加 50% 以上，仅适用于智能温室等特殊环境。该技术主要应用于组培育苗和高附加值设施农业，如云南地区的花卉种苗工厂。

2.2.1.4 地膜覆盖灌溉技术

地膜覆盖灌溉技术是一种结合塑料薄膜覆盖与灌溉的农业技术，通过覆盖地膜减少水分蒸发、调节地温、抑制杂草，并结合特定的灌溉方式实现节水增效。根据灌溉水与地膜的位置关系，主要分为膜上灌和膜下灌两种类型。

（1）膜上灌

膜上灌是一种通过在地表铺设塑料薄膜引导灌溉水流的技术。其实施流程包括整地、覆膜（机械或人工完成）、在膜上预设导水孔或在膜侧开挖输水沟，随后通过沟灌或畦灌引水，使水流沿膜面坡度流动，通过孔缝或膜侧沟渗入土壤根区。该技术核心机制为利用地膜阻隔土壤蒸发、提升地温并抑制杂草，同时集中输水提高灌溉均匀性。适用于年降水量低于 400 mm 的干旱、半干旱地区（如中国西北、中亚），尤其适合棉花、玉米、小麦等大田作物及浅根系蔬菜（如马铃薯）。操作成本低（无需复杂设备），但需注意黏土易堵塞导水孔、砂土需频繁补水的问题。实际应用中，膜上灌可实现节水增产，但由于膜残留率高，可能导致土壤板结和微生物活性下降，需依赖残膜回收机缓解污染。未来方向包括推广可降解膜（如 PLA 生物降解膜）和智能化调控（如土壤湿度传感器动态调整灌水量），同时探索"地膜＋秸秆覆盖"复合模式以提升保墒效果。

（2）膜下灌

膜下灌则是将滴灌系统（如滴灌带或渗灌管）埋设于地膜下方的精准灌溉技术。其实施需先整地，铺设滴灌带，覆盖地膜后连接加压系统（水泵或重力水箱），通过管道缓慢释放水分至根系层，形成"洋葱形"湿润区。该技术结合水肥一体化管理，可精准调控灌溉量和养分供应，水分利用效率大大提升。适用于极端干旱区、设施农业及高附加值作物。该技术初期投资高，需定期维护（酸洗防堵、防虫咬），且对管理技术要求严格。

综上，两种技术均以"覆盖＋灌溉"为核心，但膜上灌侧重低成本与适应性（适合资源有限地区），膜下灌追求高效与精准（推动集约化农业）。两者共同面临残膜污染和可持续性矛盾，需通过材料创新（如全生物降解膜）、技术升级（智能灌溉系统）及政策支持（如残膜回收补贴）实现平衡。未来可能通过"四位一体"模式（地膜＋滴灌＋秸秆还田＋轮作）提升综合效益，最终推动干旱区农业向资源节约、环境友好的方向发展。

2.2.1.5 智能灌溉系统

近年来，随着各项信息化技术的飞速发展，很多信息技术被运用到农业领域中，和以往的传统农业相比较，有了信息技术的支撑，农业建设也朝着现代化农业转变。其中智能灌溉系统基于物联网技术，通过土壤湿度、气象传感器实时监测环境数据，结合 LoRa/NB-IoT 等无线通信技术将信息传输至云平台，利用 AI 算法精准分析作物需水量，联动电磁阀、水肥一体化设备实现自动化调控。该系统在设施农业中可大大节约用水量以及降低人工成本，并通过动态调节灌溉量与施肥配比优化作物生长环境。其精准灌溉不仅缓解了水资源短缺压力，还减少了土壤盐碱化与农业面源污染，推动农业向高效节水、绿色可持续方向转型，为生态保护与农业高质量发展提供技术支撑。总结起来，智能灌溉系统的优势主要体现在几个方面。

（1）精准节水

通过传感器和 AI 算法动态监测土壤湿度、气象条件，优化灌溉方案，减少水资源浪费，节水率可达 30%～40%，缓解水资源短缺压力。

（2）高效省力

依托物联网技术实现远程控制与自动化操作，降低 80% 以上人工成本，减少人工巡检与手动干预。

（3）增产提质

根据作物生长周期智能调节水肥配比，改善根系环境，促进养分吸收，显著提升产量与农产品品质。

（4）生态可持续

避免过量灌溉引发的土壤盐碱化，减少化肥农药使用，降低农业面源污染，推动绿色农业发展。

2.2.2 水肥一体化技术

水肥一体化是将肥料溶解于水中，以肥液形式通过管道系统同步输送，实现灌溉与施肥的融合。借助智能系统精准调控水肥比例，养分可直达作物根部，实现高效利用。水分与养分作为农业生产的核心要素，直接影响土壤理化性质、微生物活性及作物的生理代谢过程。水分不仅是植物体内物质运输的必需载体，也是促进土壤中养分扩散和迁移的关键因素。水肥一体化技术通过综合考量作物的需水需肥规律，实现精准调控，促进水肥协同增效，成为现代农业提高资源利用率的重要手段。其核心是利用管道系统同步输送和调节水肥，因而也被称为"灌溉施肥技术"。

2.2.2.1 注肥方式

水肥一体化系统的注肥方式直接影响施肥效率与均匀性，常见技术包括：

（1）压差式施肥罐法

利用主管道与旁通管的压力差，将罐内肥料溶液吸入灌溉系统，适用于小规模设施农业（如家庭温室）。此法成本低、操作简单，但需人工频繁补肥，施肥精度受压力波动影响。

（2）文丘里施肥器法

通过水流经过文丘里管喉管处流速加快产生的负压将肥料吸入管道，此装置无需外部动力。因此文丘里施肥具有成本低，施肥过程肥液浓度均匀，施肥过程无需外部动力等优点。其缺点在于加剧了灌溉系统水头压力损失，增加了系统的能量损耗。为了使系统保持相对稳定的工作压力，还需要对系统配置增压泵。该方法适宜于可以自动化管理的自动灌溉、施肥系统。

（3）泵吸入法

利用水泵直接将肥料溶液吸入灌溉系统。在泵的进水主管上安装一根支管，在吸水的同时吸取肥液。该系统特点是施肥不需要外加动力，结构简单。缺点是水肥比例不易控制，较适宜于对施肥速度和自动化程度要求低的管理系统。

（4）智能施肥机

通过电导率（EC）或 pH 传感器实时监测肥液浓度，根据实时监测的肥液浓度，通过 PLC 控制器驱动计量泵按预设比例精准注肥，适用于大型智慧温室。支持多通道独立调控，可兼容液态肥与固体溶解肥，自动化程度高，但初期投资较大。

水肥一体化技术不仅保障作物产量与品质，还能提高土壤积温和含水量，抑制水分蒸发，促进氮肥转化，展现出多方面的优势。需要注意的是，该技术对肥料的水溶性和系统运行的稳定性要求较高，需选用全水溶性肥料，并定期清洗管网以防堵塞。此外，系统初期投资较高，对操作人员的技术水平和维护能力也提出了更高要求。

总体而言，水肥一体化技术是现代设施农业中实现节水增效、提质增收的关键技术之一，具有良好的经济效益与生态效益，在推动农业可持续发展方面前景广阔。

2.2.2.2 水肥配比与精准调控

水肥配比与调控是水肥一体化技术的核心环节，需综合考虑作物生理需求、环境变量及土壤特性，通过智能化手段实现精准匹配。以下从配比原则、调控技术及操作规范三个维度展开详解。

（1）配比原则

水肥配比需结合作物种类、生育阶段及环境条件动态调整，例如番茄苗期采用 N∶P∶K=1∶1∶1 促生长，膨果期转为 1∶1∶2 提品质；硬水地区需避免硫酸盐肥料沉淀，阴雨天减少氮肥 20%～30% 防徒长。通过 EC 或 pH 传感器实时监测土壤盐分与酸碱度，确保肥料适配性与根系安全。

（2）调控技术

依托土壤多参数传感器（EC、湿度、温度）与气象数据融合，结合 AI 算法预测作物需肥规律，实现动态配比。例如，山东寿光黄瓜温室通过 EC 反馈控制，氮肥利用率提升至 65%；变频水泵与智能施肥机协同工作，流量变异系数 <5%，保障滴灌均匀性。

（3）操作规范

遵循"先清水后肥液"原则，注肥前湿润管道 10 min，追肥后冲洗 20 min 防堵塞；定期维护过滤器（每周反冲洗）与校准传感器（EC 或 pH 每两周校准），异常时自动报警并调整。

2.2.3 戈壁设施水环境及其调控技术

2.2.3.1 戈壁设施内水环境特点

在一般作物体内，水是含量最高的分子，其含水率通常高达 80%～95%。对于温室作物而言，水不仅是其体内最主要的组成成分，也是其正常生理活动不可或缺的参与者。诸如光合作用、呼吸作用和蒸腾作用等一系列关键的生命过程均需要水的参与和调控才能顺利进行。在设施农业中，作物所处的水分环境是由空气湿度和土壤水分状况共同决定的，两者相互作用，直接影响作物的生长发育、水分吸收效率以及整体产量和品质。

空气湿度通常指空气中水蒸气的含量，一般以相对湿度表示，即当前水汽压与同温度下饱和水汽压的比值。设施农业中，空气湿度直接影响作物的蒸腾作用、气孔开放程度、病害发生率和授粉过程。空气湿度过低会加剧蒸腾，使植物失水加快，诱发干旱胁迫；而湿度过高则易造成叶片表面水膜积聚，增加病原菌传播风险，并可能抑制蒸腾和光合作用。合理调控空气湿度（如通风、增湿或除湿）是设施环境管理的重要组成部分。

土壤湿度指的是土壤中所含水分的多少，通常以重量含水率或体积含水率来表示。在设施农业中，土壤湿度是影响作物根系吸水、养分溶解与吸收以及微生物活动等重要过程的关键因素。适宜的土壤湿度有助于根系生长和作物稳健发育；过湿可能导致根系缺氧、烂根甚至病害，而过干则会限制水分和养分的吸收，抑制作物生长。由于设施环境相对密闭，蒸发量较低，因此需通过精准灌溉手段（如水肥一体化）进行合理调控。

总体而言，戈壁设施农业中的水环境具有封闭性强、人工可控度高的特点，水分主要依赖灌溉系统供给，自然降水影响较小。在这种环境中，土壤蒸发和作物蒸腾总量相对较低，有利于节水管理，但同时也容易出现空气湿度偏高、土壤水分分布不均的问题。此外，由于空气湿度受温度、灌溉和通风等因素影响较大，波动性强，若调控不当，易引发病害。因此，设施农业需要依赖精细化调控手段，实现对土壤湿度和空气湿度的精准管理，以保障作物健康生长和水分高效利用。

2.2.3.2 戈壁设施作物需水规律

不同种类的设施作物对水的需求量差异很大。一般而言，植物水分代谢失衡对农业生产具有双重制约效应。当土壤有效水分不足时，首先会抑制作物细胞的正常分裂和纵向伸长过程，这种细胞层面的生理障碍会直接导致植株器官发育迟滞，表现为干物质积累速率降低，同化物在根冠比中的合理分配被打破，最终造成产量构成要素（穗粒数、千粒重等）与营养品质（蛋白质含量、可溶性糖等）的同步劣变。在极端干旱条件下，植物通过关闭气孔的自我保护机制虽能减少蒸腾失水，但同时也阻断了二氧化碳的跨膜扩散通道，导致卡尔文循环中的 RuBP 羧化酶活性显著降低，光合同化率可下降达 50% 以上。

另外，当环境湿度过饱和（大于 >90%）时，作物茎叶组织会过度合成赤霉素类物质，引发节间异常伸长和叶片薄壁化，这种营养生长过旺现象不仅消耗大量光合产物，更会延迟生殖生长进程，造成花果发育不同步、坐果率降低等生产问题。同时值得关注的是，高湿环境为病原微生物的生命周期提供了理想条件：疫霉菌的游动孢子释放需要液态水膜，霜霉病的分生孢子传播依赖雾滴载体，而灰霉病的菌丝侵染则在叶面结露时最为活跃。设施栽培中这种湿热耦合的微环境，往往使病害发生率较露地提高 3~5 倍。

（1）戈壁设施蔬菜对水分的需求特点

蔬菜作为典型的水分敏感型作物，其生理代谢与水分供给存在高度耦合性。由于多数蔬菜产品含水量达80%以上。蔬菜生长期需要频繁灌溉，灌水的及时与否对蔬菜产量、品质均有明显影响。灌水不足可使生产迟缓、产量下降；灌水过多则将可能使根际通气状况不好而对蔬菜根系发育和吸水吸肥力产生影响，甚至导致烂根等现象的出现。不同类型蔬菜对湿度响应的差异性显著：黄瓜、白菜类、绿叶菜类、水生菜等较高湿型蔬菜的适宜相当湿度为85%～90%；马铃薯、豌豆、蚕豆、根菜类（胡萝卜除外）等中等湿型蔬菜的适宜相当湿度为70%～80%；茄果类（豆、蚕豆除外）等较低湿型蔬菜的适宜相当湿度为55%～65%；相较之下，西瓜、甜瓜、胡萝卜、葱蒜类、南瓜等较干湿型物种的适宜相对湿度仅为45%～55%。总而言之，生长期叶面积指数大、生长速度快、根系发达、采收期长、产量高的蔬菜需水量较大；相反，叶面积指数小、生长采收期短的则需水量较小；含蛋白质或脂类较多的蔬菜需水量要多于含淀粉多的蔬菜；耐旱品种和早熟品种需水量要少于普通品种和中晚熟品种。

（2）作物在不同生长期对水分的需求特点

同一作物在不同生长时期对水分的需求也大不相同。一般而言，种子在发芽期需要充足的水分来支持原生质活动、种子内贮藏物质的转运，以及胚根的伸长和向种子提供水分。如果水分供应不足，虽然种子可以萌发，但胚轴无法延伸成苗。

幼苗生长期根系脆弱，抗逆能力弱，因此土壤应保持适度湿润。然而，过高的土壤湿度往往会导致幼苗过度生长或发生根部腐烂。

在营养生长期，作物的抗逆能力增强，但由于处于营养积累阶段，生长旺盛，因此对水分需求大，对土壤的含水量和通气性要求也较高。然而，过高的湿度可能会增加病害的发生。

作物在开花结果期间对空气湿度要求严格，同时对土壤湿度也有较高的要求，以维持正常的新陈代谢。水分不足会导致植物体内水分从其他部位流向叶面，从而影响发育甚至导致落花。在开花结果期间，适宜的空气湿度较低，以确保开花、授粉和种子成熟不受影响。

（3）主要设施蔬菜的水分管理

①番茄：番茄是国内外设施栽培最主要的蔬菜品种之一，具有产量高、市场需求大、经济效益显著等特点。不同生长时期水分管理策略如下：

苗期：控制浇水，促进根系下扎，土壤湿度保持60%～70%。采用膜下滴灌，每 5～7 d 灌溉一次，水量 3～5 m³/亩。开花前避免浇水以防徒长。

开花坐果期：严格控水，空气湿度维持在 45%～60%。采用"三浇三不浇"原则（晴天浇、阴天不浇；午前浇、午后不浇；浇小水、不浇大水）。

结果期：膨果期水量增至 8～12 m³/亩，成熟期控水（湿度 50%～60%），采收前 10 d 停水防裂果。

②黄瓜：黄瓜作为我国北方设施栽培面积最大的蔬菜品种，具有一年多茬栽培、周年供应能力强等特点，其水分管理需根据生育期动态调控，以确保产量与品质。

发芽期：黄瓜种子需要高水分来发芽，但发芽期间水分不宜过多，以免导致种子腐烂。播种前应确保底部土壤充分湿润，播种后除非土壤特别干燥，一般不需要额外浇水。

幼苗期：当植株的顶部叶片开始抱合，且节间伸长速度正常时，通常不需要额外浇水。如果出现缺水症状，可适量补充水分。这个阶段对于花芽分化非常关键，土壤含水量保持在 80%～85% 最为适宜。

初花期：植株生长迅速，需水量逐渐增加。在植株从直立生长转向蔓性生长时，需注意协调坐果与长秧的关系。土壤水分过多会导致植株过于茂盛，影响果实的早熟性；水分过少则会促进生殖生长，抑制营养生长，易导致"瓜打顶"。

结瓜期：在黄瓜结瓜盛期前，每 35 d 浇水一次；高温期间可能需要每 12 d 浇水一次。保持土壤湿润，相对含水量保持在 80%～85% 是最适宜的。最好在上午或采瓜前进行灌溉，以避免采摘后果实因过度灌溉而脱落，同时有利于黄瓜的生长和质量。

③辣椒：辣椒作为设施栽培的重要蔬菜品种，具有适应性强、市场需求稳定、经济效益高等特点，尤其在日光温室越冬长季节栽培中，通过科学的水分管理可实现高产优质。

幼苗期：土壤湿度 60%～65%，每 5～7 d 滴灌一次。阴雨天控水，避免沤根，寒潮前喷施 0.5% 氯化钙增强抗寒性。

开花结果期：空气湿度 70%～80%，晴天中午行间喷雾增湿。每 4～6 d 滴灌一次，膨果期水量增至 8～10 m³/亩，采收前控水提升辣度。

设施蔬菜需结合品种特性（如西瓜耐旱、黄瓜喜湿）、生育阶段（苗期控水、膨果期增量）及环境动态（湿度、温度）制定水肥方案。优先采用膜下滴灌、水肥一体化技术，配套智能监测与病害预防措施，可参考《主要蔬菜作物灌溉技术规程》及地方农业部门指导文件优化管理。

2.2.3.3 戈壁设施内空气湿度的调控方法

设施农业中空气湿度的调节与控制是保障作物正常生长、预防病害、提高水分利用效率的重要措施，主要包括以下几种手段。

（1）通风换气

通过自然通风（如开窗）或强制通风（如安装风机）促进湿空气排出、干空气进入，这是调节空气湿度最常用、最直接的方法，尤其适用于湿度过高的情况。

（2）温度控制

温度和湿度密切相关，提高温度可加快水分蒸发、降低相对湿度；反之，降温则可提高相对湿度。因此，通过调节设施内的加温设备或遮阳降温系统间接调节湿度。

（3）喷雾或加湿

当空气过于干燥时，可使用超声波加湿器、喷雾系统或水帘系统增加空气中水汽含量，维持适宜湿度水平，防止作物干旱胁迫。

（4）除湿

在高湿、高密闭度的设施中，如冬季连栋温室，可安装除湿机、排湿风机等设备进行强制除湿，避免病害滋生。

（5）监测与自动化控制

利用湿度传感器、环境控制系统实现实时监测与自动调节，按设定值启动加湿或除湿设备，实现精准管理，提升调控效率和作物环境稳定性。

2.3 戈壁设施农业水质管理与调控技术

2.3.1 水质对设施作物的影响

在设施种植系统中，水是作物获取养分的载体，同时构成根区环境的核心部分。水质的优劣不仅影响作物对养分的吸收效率，也决定着根际微生态、病害发生风险以及最终产品的产量与品质。尤其在水培、基质培等无土栽培系统中，水质更是作物生长的生命线。因此，准确掌握主要水质指标的作用机理，建立适宜的水质调控策略，是设施农业高效栽培管理的基础。

（1）pH值

pH值决定水体中多数养分的存在形式和生物可利用性。大多数蔬菜类作物适宜在中性偏酸（pH值为6~7）的环境中生长。过低的pH值易导致金属离子（如铝、锰）溶出造成毒害，同时降低钙、镁、钾等阳离子的吸收效率；而过高的 pH 值则可能引起铁、锌、铜等微量元素的沉淀和不可利用，导致缺素症状如叶片黄化、叶缘坏死等。

在设施种植中，pH 值的稳定尤为关键。例如在水培系统中，营养液 pH 值剧烈波动会干扰根系代谢，甚至诱发根腐病。因此，需根据作物种类精准调节营养液酸碱度，并采用 pH 缓冲剂或自动化酸碱调节系统进行实时控制。

（2）电导率（EC）与盐分浓度

电导率（EC）反映了水体中溶解盐类的总量，是评估营养液"浓度"的关键参数。不同作物对 EC 有不同适宜区间，如生菜适宜在 1.2～1.8 mS/cm，番茄适宜在 2.0～3.5 mS/cm。在合理范围内，适度提高 EC 有利于提高果实糖度与品质；但过高的 EC 会导致根系渗透压升高，吸水困难，诱发"生理干旱"，使作物叶片萎蔫、生长缓慢甚至枯死。

长期高 EC 还可能引起"次生盐渍化"，即盐分在基质或循环系统中积累，对系统长期运行和作物持续生长构成风险。因此，设施种植需建立 EC 监测和调控机制，适时更换营养液、采用反渗透水源，或使用清洗手段降低盐负荷。尤其在新疆地区，普遍存在地下水 EC 值过高的现象，必要情况下需要对灌溉水或营养液配水进行一定的脱盐预处理。

（3）溶解氧（DO）

溶解氧是根系呼吸代谢的基础，也是水培系统中防止厌氧环境和病原微生物扩散的重要手段。根系呼吸不足会抑制吸收功能，导致养分吸收紊乱，诱发生理障碍。同时，低氧环境为腐生真菌（如镰刀菌、疫霉等）提供了适宜条件，极易诱发根腐、萎蔫等病害。

现代水培系统普遍采用气泵或微纳米曝气系统提升 DO 浓度，保持根区溶氧在 6～8 mg/L 以上。研究表明，维持高溶氧不仅提高根系活力，还可促进有益菌群定殖，改善根际微生态，提升植株抗病能力和产量。

（4）盐度与钠离子

水体盐度不仅与电导率密切相关，还涉及特定离子（尤其是 Na^+）对作物的生理影响。在高盐条件下，钠离子竞争性抑制钾离子吸收，破坏细胞渗透调节，诱导叶缘灼伤、植株矮化等"盐胁迫"症状。特别是在地下水资源丰富但含盐量高的地区，若直接用于灌溉，易造成基质盐积与作物损伤。

设施农业中常采用雨水收集、淡化处理或掺混补水方式调节盐度，同时选育耐盐型蔬菜品种与应用保水调盐型基质材料，从源头减缓盐胁迫风险。

(5) 水体硬度与钙镁离子

钙和镁是植物生长所需的二级大量元素，其中钙是细胞壁和胞间层的结构组分，有助于细胞稳固与信号传导；镁则是叶绿素核心元素，参与光合作用。水体硬度主要由这两类离子构成，适宜的硬度有助于作物健康发育。

在软水条件下（低钙镁），易发生钙缺诱发的裂果、脐腐、烧心等问题，尤其在果菜类作物中表现明显。因此，硬度过低时需适当补充钙镁肥料；而硬度过高则可能与磷形成沉淀，降低养分利用效率，需通过pH值调控与离子平衡管理进行优化。

(6) 重金属与有毒离子

部分水源，尤其工业区周边的地下水或地表水，可能存在重金属或有毒阴阳离子污染。铅、镉、砷等重金属即使在极低浓度下，也可能通过根系被植物吸收并积累在可食用部分，威胁食品安全并影响作物生理代谢。

此外，高氯、高氟等离子在某些地区地下水中普遍存在，长期灌溉可导致植物叶尖灼伤、根系受损，降低品质与产量。对设施种植而言，应优先采用检测合格的清洁水源，并在必要时通过反渗透、离子交换等方式处理原水，防范风险隐患。

(7) 微生物负荷与病原控制

水体微生物群落结构直接影响根际环境稳定与病害发生。水源中的杂菌或致病菌，如假单胞菌、黄单胞菌、疫霉属等，在高湿、低氧或营养富集条件下易大量繁殖，引发根腐、枯萎、叶斑等病害，尤其在水培系统中传播速度极快。

同时，若系统缺乏有益菌群（如枯草芽孢杆菌、胶冻样假单胞菌等）协同作用，根系免疫力下降，对病原菌更为敏感。因此，设施种植中应定期进行水质微生物监测，使用物理消毒（如紫外、臭氧）或化学防控（如微酸性电解水），并辅以生防菌制剂建立良性根际微生态系统。

(8) 浊度与悬浮物

水体中悬浮颗粒物不仅影响水质美观，更可能附着有害微生物并堵塞灌溉设备，影响根系通气。在水培系统中，长期未更换的营养液易因有机碎屑堆积而增加浊度，导致水质恶化、病菌滋生。

因此，建议采用过滤设施（如砂滤器、无纺布过滤器）进行物理净化，或设置沉降池定期排污，确保营养液清洁透明，提高系统运行效率与作物安全性。

2.3.2 栽培营养液配方优化与病害防治

在设施种植中,营养液不仅是植物获取矿质元素的主要来源,也是根际微生态维持的关键载体。如何根据作物生长阶段与品种需求动态调整营养配方,是保障作物健壮生长、优质高产的核心要素。同时,由于设施环境封闭、水循环频繁,根部病原易通过灌溉系统传播,导致根腐、枯萎等病害高发。因此,实现营养液管理与病害防控的一体化调控,成为现代设施种植技术体系中的关键环节。

2.3.2.1 营养液配方的科学优化与阶段性调控

设施种植中广泛采用无土栽培模式,包括水培、椰糠基质培、岩棉培等。水培配方优化的核心在于:元素种类齐全、比例科学、浓度适宜、动态可调。常用元素包括:维持生物量与组织构建的大量元素(N、P、K、Ca、Mg、S);调节代谢酶活性,保障生殖发育的微量元素(Fe、Zn、Mn、Cu、B、Mo)以及在部分作物中具抗逆功能,增强机械强度特殊元素(Si、Na)。

此外,作物在不同生育阶段对营养元素的需求也存在差异。例如在苗期需重视氮、钙供应,促进叶片与根系发育;在花芽分化期需增加磷、钾供应,促进花芽形成;在结果期应以钾为主,兼顾钙、镁平衡,提高果实品质;而在衰老期应适度降低整体浓度,防止盐害积累。

总体而言,营养液配方制定需遵循多维度协同原则:首先基于作物类型差异化设计元素比例(如番茄侧重高钾、生菜需求高氮);其次结合水源本底值,若原水钙镁含量较高,则相应减少添加量以避免离子失衡;再次考虑季节动态调整,夏季因蒸腾旺盛可适当提升浓度,冬季光照减弱时则需降低浓度防止盐分富集;最后通过 EC 与 pH 双控优化,将营养液电导率稳定在 1.2~3.5 mS/cm、pH 值调控至 5.5~6.5 区间,确保作物高效吸收与根系健康。

2.3.2.2 营养液动态管理技术

(1)浓度调整

依据蒸腾强度、植株长势和养分吸收速率,动态调整营养液浓度,防止养分过剩或匮乏。

(2)营养液循环与更新

封闭式系统需定期更换营养液(通常 7~14 d),防止养分不平衡和根系代谢产物积累。

(3)智能监测

采用 EC/pH 自动监测仪与配液控制器,实现实时监控与精准补液。

（4）传感器+算法优化

利用传感器采集多参数（温湿光、叶片色差等），配合算法预测植物营养需求，实现精准施配。

2.3.2.3 营养液相关病害的发生机制与传播特性

封闭式水培或循环灌溉系统中，营养液作为流动介质极易传播病原微生物。高温、高湿、营养富集等条件加剧病害暴发，常见病害包括以下几种。

（1）根腐病

由镰刀菌（*Fusarium*）、疫霉（*Pythium*）、腐霉（*Phytophthora*）引起，诱发根黑、腐烂、吸收障碍。

（2）萎蔫病

如黄萎病或枯萎病，造成导管阻塞、植株突然枯死。

（3）细菌性软腐

细菌借助营养液传播，诱导基部组织糜烂，有时伴随臭味。

（4）藻类污染

绿藻、蓝藻在营养液富营养和高光照环境下繁殖，影响根系透气性并诱发病害。

2.3.2.4 病害防控技术

在无土栽培系统中，营养液病害防控是保障作物健康与高产的关键环节，需兼顾高效性、安全性及可持续性。以下为常用的消毒技术。

（1）紫外线（UV）消毒技术

利用短波紫外线（如UV-C）破坏微生物DNA结构，实现瞬时杀菌，尤其适用于循环水系统的在线处理。UV技术操作简便、无化学添加，但缺乏持续抑菌效果，需与化学或生物防控手段结合使用，以弥补其局限性。

（2）臭氧（O_3）处理技术

臭氧凭借强氧化性可快速灭活病原体并降解有机污染物，同时改善水质透明度。然而，臭氧浓度需严格控制（通常低于0.1 mg/L），过量可能损伤作物根系。适用于短时高效处理，常与缓释型技术（如生物防治）配合，平衡杀菌效果与安全性。

（3）金属离子抑菌技术

银离子（Ag^+）或铜离子（Cu^{2+}）通过破坏病原菌细胞膜实现持续抑菌，常用于管道或储水系统。但长期使用可能导致金属离子积累，威胁作物安全，需定期监测水体中离子浓度并结合水循环处理技术降低风险。

（4）生物防控技术

通过接种枯草芽孢杆菌、地衣芽孢杆菌等有益菌，在根际形成拮抗屏障，竞争性抑制病原菌增殖。生物滤池则利用微生物群落降解氨氮、亚硝酸盐等有害物质，减少病害诱因。该技术生态友好、长效稳定，但需优化菌剂适配性与环境条件（如pH值、温度）以维持活性。

（5）微酸性电解水（SAEW）技术

微酸性电解水通过电解稀盐酸或食盐水生成次氯酸（HClO，pH 5.0～6.5），具有广谱杀菌能力（细菌、真菌、病毒），且对植物安全无残留。其应用包括直接添加至营养液（10～50 mg/L）抑制病原菌、定期冲洗管道清除生物膜，或与紫外线、臭氧技术协同构建综合防控体系。优势在于绿色环保、无抗药性风险，适用于设施种植的长期可持续管理。

营养液的科学配比与动态调控是保障设施作物高产优质的基础，而根际水环境的洁净安全则是病害防控的前提。通过智能化营养液管理、绿色消毒手段（如微酸性电解水），以及有益微生物干预，设施农业正逐步实现精准营养与病害防控的一体化协同目标。

未来研究方向应聚焦低耗闭环管理，如太阳能驱动UV系统、废水回用技术，并推动区域性病害预警模型研发，实现从杀菌抑病到水质生态调控的全链条绿色防控，为设施农业可持续发展提供技术保障。

2.3.3 水质净化技术

水是设施农业生产中的核心资源之一，其质量直接关系到作物的产量、品质与病害发生风险。在新疆等干旱半干旱地区，优质水资源匮乏、灌溉水盐分高、尾水排放标准趋严，亟须依托现代水处理技术，实现对不同类型农业用水的净化、再利用和无害化处理。下面将重点阐述设施农业中应用的三类水处理关键技术：盐碱水淡化、废水资源化利用与尾水无害化处理。

2.3.3.1 新疆戈壁地区盐碱水淡化技术

新疆地区地下水盐碱化严重，地表水季节性波动大，农业生产常需利用苦咸水或微咸水灌溉。高盐灌溉水会造成根系渗透胁迫、离子毒害、土壤次生盐渍化，进而导致设施作物减产。因此，高效、低成本的盐碱水淡化技术是保障设施农业可持续发展的重要基础。当前应用较多的技术包括膜分离、离子交换、电化学脱盐及分质利用等。

（1）反渗透（RO）

反渗透技术通过施加高压驱动水分子穿过半透膜，同时截留绝大多数溶解盐分，是当前最常用的膜法淡化技术。其脱盐率高达95%以上，适用于含盐量大于 1 g/L 的中高盐水源。优点是出水水质稳定、系统模块化，适合温室集成；缺点是能耗高、膜污染风险大，且浓水处理需配套管理。

（2）纳滤（NF）

纳滤技术可选择性去除二价或多价离子（如 Ca^{2+}、Mg^{2+}、SO_4^{2-}），对 Na^+ 和 Cl^- 的截留能力相对较弱。其运行压力低于 RO，更节能，适合需要部分保留有益矿物质的灌溉系统，如基质栽培。主要优点是可实现水质软化和养分调控，缺点是脱盐能力有限，不能完全去除小分子盐分。

（3）超滤 / 微滤（UF/MF）

超滤和微滤主要用于水体预处理，能有效去除悬浮物、胶体、有机物和细菌，常用于 RO 和 NF 系统前端，保护膜组件、延长使用寿命。它们不能脱盐，但能显著提高整体系统运行的稳定性和效率。优点是设备成本较低、运行压力小；缺点是单独使用时不具备脱盐功能。

（4）离子交换

离子交换利用树脂选择性去除水中的 Na^+、Cl^- 等特定离子，适用于小规模设施或特定灌溉需求场景。该技术脱盐精度高，出水水质柔和，但树脂需定期再生，会产生化学再生液，对环境有一定影响。优点是工艺简单、脱除效率高；缺点是运行周期短、再生成本高、适用规模有限。

（5）电渗析（ED）与电去离子（EDI）

电渗析和电去离子技术通过电场驱动水中离子穿过选择性膜，实现盐分去除。它们适合低盐度水体（TDS<2 g/L），运行能耗较低，可与太阳能系统集成用于偏远地区温室。优点是能效高、适合分布式应用；缺点是系统结构复杂、对水质波动敏感、不适合高盐水。

（6）盐碱水分质利用

针对新疆地下水中含有大量有益元素（如 Ca^{2+}、Mg^{2+}）的特点，可采用纳滤或混水技术实现分质利用，即在降低有害离子浓度的同时保留有益离子，用于优化灌溉水质。该策略兼顾水质安全与资源节约，具有良好生态和经济效益，但对技术集成与管理水平要求较高。

2.3.3.2 戈壁设施农业废水资源化利用

设施农业的发展推动了农业的高产、高效和高质量生产，但同时也产生了大量富含营养物质的废液，包括栽培营养液废液、灌溉尾水和养殖废液等。这些废液中通常含有大量有价值的资源成分，包括氮、磷、钾等养分，有机质及部分微量元素与副产物。将这些废液加以资源化处理，不仅有助于缓解环境污染压力,更能降低农业生产成本,实现"以废治废"、闭环农业循环经济。当前,资源化利用技术主要包括养分回收、有机质能源化、微藻系统开发与膜浓缩液再利用等。

(1)化学沉淀法

化学沉淀法是目前设施农业废液中磷资源回收最为成熟的工艺之一。其基本原理是在废水中投加含镁、钙或铁的金属盐,如 $MgCl_2$、$Ca(OH)_2$ 或 $FeCl_3$,与溶解态磷发生反应,生成磷酸镁铵(struvite)、磷酸钙等不溶性沉淀,从而实现磷的有效回收。回收物质可作为缓释性磷肥在设施农业中重复利用。该技术优点在于反应过程快速、设备简单,且回收产物具有良好的农用潜力;缺点则包括反应 pH 值控制要求高、投药成本较高以及沉淀易造成设备结垢等问题。适用于磷浓度较高的温室排液或浓缩尾水处理系统。

(2)电化学养分回收

电化学技术通过在电极表面形成微环境(如局部碱性区域),诱导氮磷离子迁移或沉淀,从而实现资源回收。其中,磷可通过局部 pH 值升高形成磷酸盐沉淀,氨氮则可转化为气态氨进行收集。与传统加药沉淀法相比,该方法无需外加化学试剂,运行过程清洁、可控性强,特别适合小规模或偏远地区的温室种植系统,可结合太阳能实现自给供电。但该技术存在电极寿命短、电能消耗较高、系统复杂等限制,目前主要用于试验示范和集成模块开发。

(3)吸附—解吸回收技术

该技术依赖于具有特异性吸附能力的功能材料(如天然沸石、改性生物炭、合成树脂等),对废水中的 NH_4^+、NO_3^-、PO_4^{3-} 等离子进行选择性吸附,再通过调节 pH 值、温度或加入洗脱剂实现解吸,从而完成养分富集与回收。吸附材料可以根据目标污染物进行功能化改性,提高回收效率与选择性。该方法对低浓度养分具有较好去除和富集效果,适合在尾水深度处理或水质波动大的种植系统中应用。但需关注吸附剂的成本、再生能力以及吸附容量下降后的处理方式。

(4)厌氧发酵产沼气

厌氧发酵是一种成熟的有机质资源化利用方式,通过微生物将有机废水中的碳源分解转化为甲烷和二氧化碳,实现能源回收。设施农业废液中常含有富营养基质冲洗液、废弃营养液及植物残体提取液等有机物,可作为厌氧反应底物。产生的沼气可用于温室加热、发电或锅炉使用,沼渣沼液也可作为有机肥料回田。该技术优点为能源自循环、污泥产量低,但对运行温度和 pH 值敏感,启动周期较长,需稳定控制条件,适用于废液集中处理系统。

（5）生物质热化学转化（热水解/水热碳化）

针对难以厌氧消化的高浓度有机废液或固体残渣，可采用热化学转化工艺如水热碳化（HTC）或热水解法处理。在一定温度（160～250℃）和压力下处理生物质，可生成具有较高含碳量的固态产物——生物炭，同时伴随液相产物和可燃气体。生物炭可用于土壤改良或作为肥料缓释载体，液相中可进一步回收有机酸或用于厌氧发酵。该技术具有碳固定潜力，但能源投入高、反应设备复杂，适合高集中度废液的集中资源化利用。

（6）微藻—细菌耦合系统法

微藻利用水中氮、磷营养盐进行光合作用生长，同时吸收 CO_2 生成高附加值的生物质，其与细菌耦合可协同去除废液中的 COD、N、P 等污染物。在设施农业中，微藻—细菌系统既可用于温室尾水净化，又可产出生物肥料、饲料添加剂等生物产品。该系统绿色环保、运行成本低，且具有良好的景观融合性，适合在温室外部或棚顶设置开放式水体。但其受限于光照强度、水体透明度和气温等环境因素，需配套环境控制措施提升运行稳定性。

（7）膜浓缩液的再利用与资源化

在采用 RO、NF 等膜法对苦咸水或尾水淡化过程中，会产生一定量的浓缩液，含有高浓度的氮、钾、钙、镁等养分。针对这类副产物，可通过稀释重配、脱毒处理等方式，将其用于非经济作物灌溉或再次作为部分营养液原料加以利用。同时，也可开展浓缩液中单一有价元素的分离回收，如提取 K^+ 用于钾肥生产。该类策略可有效延伸膜处理链条的资源回收价值，但需注意盐分积累风险与重金属富集问题。

2.3.3.3 设施农业废水无害化处理技术

由于资源回收后废水中仍然含有大量污染物质，直接排放可能对周边土壤和水体环境构成严重的威胁，因此在排放之前还应该进行无害化处理。

（1）絮凝沉淀技术

絮凝沉淀技术是处理设施农业废液中悬浮物和胶体污染物的基础手段。其通过添加絮凝剂（如 PAC、PAM 等）使水中颗粒物聚集成较大的絮体，在重力作用下沉降，从而有效去除废液中的悬浮固体与部分有机物。该方法优点在于成本低、操作简单、适应性广，特别适合作为后续膜处理或生物处理的预处理步骤。但其对溶解性污染物（如氨氮、硝态氮）去除能力较弱，且会产生较多含药剂的化学污泥，需妥善处置。

（2）砂滤与活性炭过滤

主要用于废水的深度净化和抛光处理。砂滤通过物理拦截和层间吸附，去除残留悬浮物和部分微生物；活性炭则利用其高度发达的孔隙结构吸附水中微量有机物、色素和农药残留。这类处理系统维护简便、出水水质稳定，适用于回用水系统的末端净化。但活性炭需定期更换或再生，且过滤系统对高浓度污染物耐受性较差，通常作为深度处理使用。

（3）紫外（UV）与臭氧消毒技术

在设施农业封闭循环系统中广泛应用。紫外消毒可有效灭活水中细菌、病毒和根部病原菌，尤其适合用于水培和滴灌系统；臭氧不仅具备强氧化性，可同时灭菌和降解有机污染物，还能改善水体色度和臭味。这两种技术具有无需化学药剂、不产生残留的优势，但臭氧系统结构复杂、运行能耗高，而紫外对水体清洁度敏感，适合用于低浊度水体的终端处理。

（4）厌氧生物处理技术

适合处理含有高浓度有机物的设施农业废水。在无氧环境下，微生物将有机物逐级降解为甲烷和二氧化碳，具有能耗低、产气可利用、污泥产量小的优点。该技术适用于温室内高浓度营养液废水或水肥冲洗废水的初期处理。但其启动周期长、对温度敏感，氮磷去除效果有限，在实际工程应用中建议与其他处理一起使用，以实现全面达标的处理效果。

（5）好氧处理技术

通过曝气供氧，促使好氧微生物代谢分解水中有机物、氨氮等污染物。该类系统出水水质较好，可实现 COD 与氮素的同步去除，运行控制成熟，适用于中等浓度农业废水的中后段处理。但运行能耗较高，污泥产量相对较大，需定期排泥管理，且在低温条件下处理效率下降。

（6）微藻—细菌共生系统法

是近年来兴起的绿色生物处理技术。在光照条件下，微藻通过光合作用吸收废水中的氮磷营养盐并释放氧气，供好氧细菌分解有机污染物，形成一个高效协同的生态系统。该系统不仅能有效脱氮除磷，还能通过收集藻类产物作为肥料或饲料实现资源化。但该技术对光照和温度要求高，系统设计较复杂，适用于温室空间富裕、有资源化利用需求的设施场景。

（7）膜生物反应器（MBR）法

是一种将传统好氧处理与膜分离技术耦合的高效系统。其利用微滤膜或超滤膜截留微生物群体，使处理系统维持高浓度生物量，从而提高处理效率和出水质量。MBR 系统可连续稳定产出直接回用的灌溉水，尤其适用于高标准设施农业中。但其建设投资和运行成本较高，膜污染需定期清洗维护，适用于水资源紧张、对水质要求严格的设施区。纳滤（NF）与反渗透（RO）技术则多用于设施农业废液的深度处理与回用。NF膜可有效去除多价离子与有机分子，适用于营养液系统中的分质调控；RO膜可脱除几乎全部无机盐和有机污染物，适用于高盐废水的浓缩减量或淡化处理。膜法脱盐技术具有出水水质好、系统紧凑的优点，但面临能耗高、膜污染及需进行浓水处理等问题，适合用于高附加值作物或水循环利用率要求较高的系统。

2.4 雨水收集与利用技术

在水资源紧缺和节水型农业发展需求日益突出的背景下，雨水作为一种洁净、低成本且季节性富集的水源，在设施农业中具有重要的利用价值。新疆等干旱、半干旱地区降水总量有限但集中度高，若能有效收集与调蓄雨水，配合灌溉与养分补给系统，不仅可缓解用水压力，还能提升农业生态系统的韧性。合理设计的雨水收集与利用系统应兼顾水质安全、运行效率与经济性，构建"源头—过程—末端"一体化的雨水资源化路径。

2.4.1 系统组成与功能分区

雨水收集与利用系统主要由四个部分组成。

（1）集水区

包括温室屋顶、拱棚塑料覆盖物、硬化路面等可承接雨水的表面。其设计应保证雨水可顺畅汇流至汇集点，集水面材质应避免释放有害成分。

（2）输水与预处理单元

雨水通过排水管道引入预处理设施，常包括初期弃流装置、沉砂池、过滤箱等，以去除杂质、泥沙、鸟粪和叶片等污染物。

（3）储水与调蓄单元

常用蓄水池、地下储罐或集雨池进行雨水存储，配备液位控制与防藻、消毒等功能，保障水质稳定。

（4）再利用系统

将净化后的雨水输送至作物灌溉系统、水肥一体化设备或冷却与洗涤用水系统，实现就地利用。必要时可接入水质监控与智能控制模块。

2.4.2 技术路线与处理工艺

雨水利用的核心在于水质保障与系统效率，常见技术路径包括以下几种。

(1)初期弃流与物理过滤

雨水初期常含有较多污染物,如大气沉降物、屋顶附着灰尘及动植物残留。设置初期弃流装置可自动排除前 5～10 min 的初期雨水,避免污染物进入蓄水系统。后续通过格栅、砾石池、沙滤筒等物理过滤设备去除悬浮物,操作简单、成本低,是雨水初步处理的标准措施。

(2)蓄水池或水罐防藻抗腐处理

雨水在储存过程中容易因光照和有机质滋生藻类或腐败。为防止水质恶化,常采用地下蓄水池或使用黑色不透光储水罐,同时定期投加微酸性电解水、二氧化氯或采用紫外杀菌器进行消毒。对高标准应用,还可引入小型膜过滤或微生物净化装置实现深度处理。

(3)智能控制与水质监测

为实现高效与可持续管理,现代雨水系统通常配备水位传感器、水质传感器(pH 值、电导率、浊度)等设备,并通过 PLC 或物联网平台实施远程监控与自动化调控。系统可根据降雨预测动态调整弃流量与蓄水位,实现精细化管理。

2.4.3 雨水利用方式与效果评估

在设施农业中,雨水利用主要集中于以下几类用途。

(1)滴灌、喷灌系统补水

经过净化处理后的雨水可用于温室内的灌溉系统,减少地下水或自来水用量,配合水肥一体化装置使用效果更佳。

(2)水体冷却与清洗

雨水可用于降温、冲洗地面、设备或操作区,节省工业用水。

(3)营养液稀释与配制用水

部分净化雨水可加入营养液系统中使用,但需严格控制其矿物成分波动。

(4)生态景观水体补给

在具有景观水池的设施农业基地中,雨水可作为补水源维持生态美学功能。

雨水系统效益评估可从节水量、用水替代率、水质达标率及经济回报周期等维度进行综合分析。根据实地研究,新疆南部某温室基地通过屋顶集雨系统,年均节约灌溉水量可达 20%～35%,系统投资回收期为 2～3 年。

2.4.4 应用建议与注意事项

（1）水质安全优先

设施农业对水质要求较高，须严控雨水中微生物、有毒重金属与有机污染物，建议雨水与其他水源分系统管理。

（2）集雨面选择谨慎

避免使用沥青、含铅彩钢板等材料作为集水面，以免二次污染。

（3）匹配雨量与蓄水能力

结合当地年降雨分布，合理设计蓄水池体积和溢流排放系统，避免系统长期空置或超载。

（4）冬季防冻设计

新疆地区冬季气温低，应对室外输水管道和蓄水池采取保温、防冻裂措施。

总之雨水收集与利用系统是设施农业水资源管理的重要组成部分，尤其适用于水资源紧缺、雨季集中的区域。通过科学规划集水面、配置有效的预处理与储水设备，并结合现代化智能控制系统，可实现雨水资源的高效利用与水质安全保障。未来，雨水系统可与灌溉、肥料输送和环境控制系统深度融合，构建更加绿色、智能、可持续的设施农业水循环体系。

2.5 智能水管理系统与未来趋势

随着设施农业规模化与集约化水平不断提升，传统粗放型的灌溉与水质管理方式逐渐难以满足高质量发展的要求。智能水管理系统融合传感器、人工智能（AI）、大数据分析和绿色能源等先进技术，实现了从"经验灌溉"向"数据驱动、精准控制"的转变。在应对水资源短缺、气候变化与农业绿色转型的背景下，智能化与低碳化的水管理体系正成为设施农业发展的重要方向。

2.5.1 数据驱动的智能监测系统

智能水管理系统的核心在于实时监测—精准感知—智能决策，主要依靠以下关键技术实现。

（1）水质传感器网络

现代设施农业广泛部署多参数传感器（如pH值、电导率、溶解氧、氧化还原电位、浊度、温度等），可实现对营养液、水源和尾水的连续动态监测。

传感器通过物联网平台实时传输数据，结合报警系统与自动调控模块，实现异常水质的及时干预。无线低功耗传感器（如 LoRa、NB-IoT）提升了系统的部署灵活性和能源效率。

（2）人工智能算法与决策系统

随着数据采集规模扩大，传统人工判断逐渐无法满足复杂变量耦合控制的需求。通过引入机器学习、神经网络等 AI 算法，可建立作物用水模型与水质变化预测模型，实现智能灌溉、水肥优化与风险预警。例如，基于历史气象数据与作物生长状态，AI 可预测最优灌溉时机与水量，避免过度灌溉与养分流失。

（3）云平台与数据可视化

智能水管理系统依托云计算平台整合海量监测数据，并通过大屏可视化界面（如数字孪生温室）直观展示各区域水质状况、用水负荷和系统运行效率。系统支持远程管理与手机端操作，为农业管理者提供数据支持与远程决策能力。

2.5.2 政策与标准

智能与绿色水管理的发展离不开政策引导和标准支撑。目前，国家及地方正积极推动设施农业水资源管理领域的法规建设与标准制定，主要包括以下方面。

（1）节水认证与标准规范

农业农村部、水利部等部门制定了《设施农业节水灌溉技术规程》《水肥一体化工程技术规范》等标准，明确了不同作物、不同系统的用水定额与设备配置要求。同时，节水型农业园区、绿色灌溉认证制度正逐步推广，为设施运营单位提供评估依据和激励机制。

（2）环保与排放控制法规

针对农业尾水排放问题，地方政府陆续发布设施农业水污染防治指导意见，推动废液无害化处理与循环利用。水资源费改税、水权交易机制也在探索中，有助于提升用水效率和资源配置市场化水平。

（3）数字农业发展政策支持

"十四五"期间，国家持续加大对智慧农业、数字灌溉、水资源管理平台的财政与项目扶持，支持高标准温室、节水园区建设，为智能水管理系统落地提供良好的发展环境。

总之，智能水管理系统融合了感知、分析、决策与执行等多项先进技术，为设施农业水资源的高效、低碳与安全利用提供了强有力支撑。未来，随着人工智能、绿色能源与政策标准的进一步发展，设施农业水资源管理将逐步实现从自动化到智能化、从节水到生态循环的升级，助力农业高质量与可持续发展。

第 3 章
设施农业栽培介质：土壤、营养液和固体基质

栽培介质是植物在设施农业中生长的根基，它不仅提供物理支撑，还通过孔隙结构、离子交换能力和微生物群落等性质，影响植物的养分吸收与根系环境。与传统大田种植相比，设施农业中的栽培介质表现出更加丰富与多样的特点——除自然土壤外，还可以采用有机质与无机质配制的固体基质，甚至直接利用营养液进行栽培。本章将探讨土壤、营养液以及固体基质三类主要栽培介质的特性，分析各自的优势与局限，从而为实际生产中根据作物需求和环境条件选择最适宜的介质提供理论依据和实践指导。

3.1 栽培介质的基础概述

3.1.1 栽培介质的定义

栽培介质是指用于植物生长的人工或天然材料，其主要功能在于支撑植物根系、储存和调控水分、释放养分以及促进根际微生物的活动。这些材料可以是天然的，如土壤，也可以是经过人工改良的无土材料，如岩棉、珍珠岩、椰糠等。选择适宜的栽培介质需综合考虑植物特性与栽培环境，介质的选择直接决定根系发育质量，进而影响植物整体的生长速率、开花结果能力以及抗逆性表现，是现代园艺与农业生产的重要基石。

3.1.2 栽培介质的功能

栽培介质的功能主要包括几个方面。首先，它为植物提供根系生长所需的物理支撑，确保植物的稳定生长；其次，栽培介质能够储存并缓慢释放水分，以满足植物在生长过程中对水分的需求；再次，许多栽培介质包含氮、磷、钾等营养成分，这些成分是植物在生长过程中必需的，有助于促进其健

康发育；良好的栽培介质还应具有适当的通气性，以确保根系获得足够的氧气，防止窒息或腐烂；然后，它能够在一定程度上调节植物根部周围的温度，为植物提供适宜的生长环境；最后，多数栽培介质能够支持有益微生物的生长，这些微生物对于植物的健康和营养吸收起到积极作用。通过合理选择和配置栽培介质，可以优化植物的生长条件，提高作物的产量和品质。

3.1.3 栽培介质的分类及演变

按照栽培介质的不同，设施植物栽培类型可分为土壤栽培和无土栽培。其中，无土栽培又分为基质栽培和水培（图3-1）。值得注意的是，水培在广义上指所有以营养液为核心的无土栽培技术，然而，由于气雾培具有特殊的技术特性，有时会被单独作为无土栽培的一个独立分支进行讨论或归类。

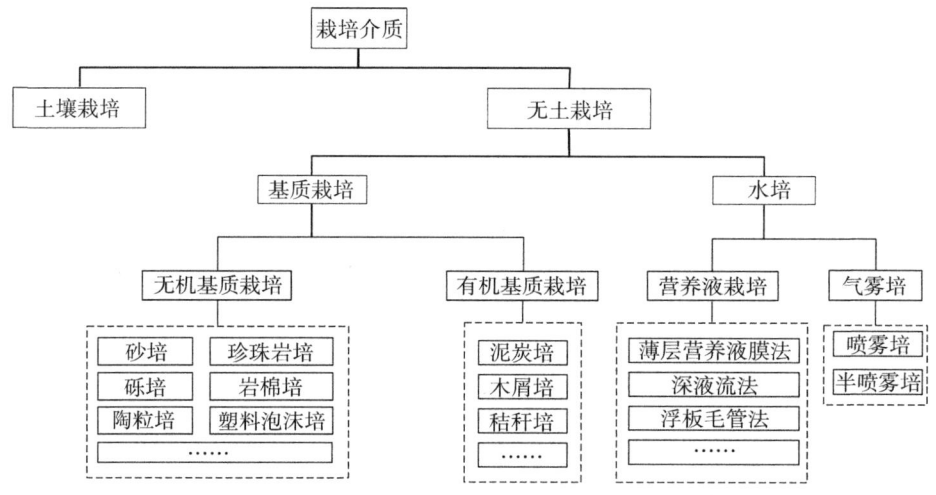

图 3-1 根据栽培介质区分的栽培方式

在早期的农业生产中，土壤是唯一的栽培介质。人们主要依靠自然土壤进行农作物种植。那时对土壤的改良措施相对简单，如通过施用农家肥（主要是人畜粪便和农作物秸秆还田）来增加土壤肥力，通过简单的翻耕和灌溉来改善土壤的通气性和水分状况。例如，在古代中国，农民会在水稻种植前对稻田进行深耕，翻松土壤，同时施加绿肥（如紫云英）来增加土壤中的氮素等养分。这种以土壤为基础的栽培方式在很长一段时间内是农业生产的主要模式。

无土栽培的历史可以追溯到宋代林洪所著的《山家清供》中，书中提到生豆芽的制作。此外，我国南方的船家曾使用竹木制的水上菜园种植空心菜。国外的例子包括墨西哥的阿兹特克，在17世纪就开始使用漂浮菜园进行栽培。至今仍然沿用的栽培方式有萝卜芽、豌豆芽、苗和水仙的培养等。科学的无土栽培起源于1859—1865年期间，德国的沙奇斯（Sachs）和克诺普（Knop）等将化学药品溶解于水中制成营养液，以成功培养植物，这种方法被称为水培。1929年，加利福尼亚大学的格利克（Gericke）教授利用营养液成功培育出番茄，这一突破被视为无土栽培技术从试验阶段转向实用化的开端。到1935年，在格利克（Gericke）教授的指导下，首次将无土栽培推广至商业规模。第二次世界大战期间，无土栽培在生产中发挥了重要作用。泛美航空公司在太平洋中部荒芜的威克岛上采用无土栽培技术种植蔬菜，成功解决了驻岛部队获取新鲜蔬菜的问题。同时，在圭亚那、西印度群岛和中亚的沙地上，科威特石油公司等单位也应用无土栽培为员工提供新鲜蔬菜。

1960—1965年间，无土栽培进入了固体基质的探索时期。到了20世纪70年代末和80年代初，岩棉培养技术取得了显著成功，因其来源广泛、轻便易搬运等优点，很快在丹麦、荷兰、瑞典等国得到推广。随着无土栽培设施和设备的不断开发和应用，这项技术逐渐成熟。栽培模式的标准化，管理系统的建立，加上计算机控制技术的运用，使得无土栽培实现了机械化和自动化操作，推动了农业集约化生产朝着现代化农业的方向不断发展。

3.2 设施农业土壤栽培

土壤作为农业生产的基础资源，其质量和管理水平直接关系到作物的生长与产量。区别于传统的大田农业，在设施农业中，由于温室小环境条件的影响，土壤的特性和状态常会发生变化，不仅影响作物的生长环境，也关系到生产的可持续性和经济效益。

3.2.1 设施内土壤特性

设施内温度高、空气湿度大、光照不足、气体流动性差，而作物种植茬次多、分布较为单一、生长期长、施肥量大，同时根系残留较多，这些因素使得设施内的土壤环境与大田土壤存在差异。

3.2.1.1 土壤基础特性

土壤作为植物生长的基础环境，其物理、化学和生物三大性质对植物的生长发育、根系发展及营养吸收具有直接而深远的影响。深入了解土壤的基础特性，有助于科学合理地进行土壤管理，提升农作物的产量和品质。

（1）土壤物理性质

土壤的物理性质主要包括孔隙度、通气性和保水性等方面。孔隙度指土壤中空隙的体积比例，关系到土壤的空气和水分储存能力。良好的孔隙结构能够确保根系获得充足的氧气，促进呼吸作用，同时保持适宜的水分供应。然而，不同类型的土壤其物理性质各异。例如，黏土土壤结构紧密，孔隙较少，通气性差，但具有较强的保水能力，适合保持水分的作物；而砂土结构疏松，孔隙丰富，通气性和排水性良好，但保水能力较差，容易干旱。同时，土壤中的孔隙大小和分布直接影响根系的生长、营养的吸收以及植物的抗逆能力，因此，合理改善和管理土壤的物理性质是优化植物生长环境的重要前提。

（2）土壤化学性质

土壤的化学性质主要包括酸碱度（pH 值）、养分含量和盐渍化程度。pH 值是评价土壤酸碱性的关键指标，直接影响养分的溶解性和植物的吸收效率。一般来说，大多数作物适宜在中性至微酸性（pH 6.0～7.5）的土壤中生长，而土壤过酸或过碱都可能抑制某些养分的释放，造成养分缺乏或中毒。此外，土壤中的主要养分元素如氮、磷、钾等的含量直接关系到土壤的肥力水平，过量或不足都会影响作物的正常生长。盐渍化程度也是重要指标之一，土壤盐分过多会导致盐害，抑制植物的水分吸收和养分利用，影响产量和品质。因此，合理调控土壤的化学性质，是确保作物健康生长的基础。

（3）土壤生物性状

土壤的生物性状主要表现为土壤中的微生物、动物及植物残体等组成部分。微生物是土壤生态系统的重要组成部分，包括细菌、真菌、藻类等，它们在有机物分解、养分矿化、抗病和土壤结构改良等过程中发挥着关键作用。微生物的多样性和活性水平直接影响土壤的肥沃度和健康状况。除微生物外，蚯蚓、线虫等土壤动物也对改善土壤结构、促进水分和养分的循环起到积极作用。土壤中的有机质含量丰富，有机质不仅为微生物提供能量，也改善土壤的理化性质，提高土壤的抗逆性。保持良好的土壤生物环境，有助于形成稳定、健康的土壤生态系统，是实现土壤持续生产能力的关键保障。

3.2.1.2 设施内土壤性状劣化

在设施农业中，由于特殊的环境条件和农业管理方式，土壤的理化性质、生物学特性及植株与土壤的相互作用都发生了显著变化。随着设施内作物的持续种植，土壤性状不断受到影响，表现为理化性状的劣化、生物学环境的恶化以及自毒作用的增强。这些变化不仅影响土壤的结构和功能，还对作物的健康生长和产量产生了潜在的制约作用。

(1) 土壤板结

土壤板结是指土壤颗粒紧密结合形成硬块或板材，导致土壤孔隙减少，通气和排水能力下降的一种现象。在设施农业中，由于灌溉和施肥频繁，耕作层土壤的湿度长时间偏高，破坏了土壤的团粒结构，大孔隙减少，土壤的透气性和排水性变差，板结情况时有发生。土壤板结不仅阻碍空气和水分的正常流通，还限制植物根系的生长与发育，影响养分和水分的有效吸收，最终导致作物产量和品质下降。然而，由于设施内频繁耕作和翻地，土壤的板结程度虽略高于大田，但整体上并不十分显著。

(2) 土壤次生盐渍化

土壤次生盐渍化是指在特定土壤条件和管理措施的影响下，土壤中的盐分不断积累，导致盐分在土壤表层或浅层集中，从而引发盐渍化现象。在设施农业中，由于灌溉和施肥频繁，且排水不良，土壤中的盐分难以代谢和排除，逐渐在土壤中积聚，形成次生盐渍化。另外，由于采用封闭或半封闭空间，改变了自然水分平衡，土壤得不到雨水的充分淋洗，加之设施内温度偏高，土壤蒸发旺盛，深层土壤中的盐分便会随着水分的蒸发，通过毛细作用沿土壤上升，最终在表层沉积。据在东北地区的调查，设施内土壤次生盐渍化的盐分主要以硝态氮为主，土壤EC平均值是大田土壤的2.4倍，NO_3^-浓度是大田的3倍以上，并随着棚龄的增加，盐渍化现象加剧。盐分的过度积累会影响水分的正常吸收和养分的有效利用，严重时甚至形成不适宜植物生长的盐碱土壤，造成土地退化。

(3) 土壤酸化

土壤酸化是指土壤pH值逐渐降低，变得偏酸的过程。因为长期施用化肥和未腐熟有机肥，这一现象在设施农业中较为普遍，特别是超量施用氮肥或生理酸性肥料（如氯化铵等）的情况下更为明显。并且随着种植年限的增加，施用化肥的次数逐渐增加，土壤的酸化程度逐步加剧。据调查，温室土壤pH值普遍较大田下降近20%。土壤酸化会导致部分微量元素（如锌、铁、锰和铜）在偏酸条件下过量释放，造成毒害，同时降低主要养分（如钙、镁、钾等）在土壤中的有效性，使植物难以吸收所需的养分，从而影响其生长发育。持续的酸化还会破坏土壤的结构，降低土壤的团粒稳定性，加剧土壤板结等不良现象，进一步限制植物根系的扩展空间，减少根系吸收养分和水分的能力。

（4）养分比例失衡

养分比例失衡指土壤中各种养分元素之间的配比不合理，导致某些养分过剩而另一些养分不足，进而影响作物的正常生长和发育。在设施农业中，由于植物的高复种指数和大量施肥，再加上连续多年的轮作，容易引发土壤养分比例失衡的问题。例如，过量施用氮肥会导致土壤中氮元素大量积累，促进叶片旺盛生长，但同时会抑制钾和微量元素的吸收，影响根系和果实的正常发育。此外，一些施肥措施只关注部分养分，忽略了其他元素的需求，导致各元素之间比例失调。据调查，大部分地区温室大棚的化肥施用量达到每亩 700 kg，但其中氮、磷的有效利用率不足 10%，造成养分流失和资源浪费，致使温室土壤的有机质含量是大田的 1～3 倍，速效磷是大田的 5～10 倍，碱解氮则是其 2～3 倍，但速效钾呈现出逐渐减少的趋势，且随棚龄增长各趋势逐步加剧。养分比例失衡不仅引起养分流失和资源浪费，还会降低植物对养分的吸收效率，限制其生长，还可能引发"养分竞争"，加剧营养不平衡和生理障碍，最终影响产量和质量。

（5）微生物群落失衡及病虫害频发

在设施农业中，由于栽培植物的单一种类、空间环境的封闭性以及管理措施的不合理，导致土壤和植株表面的微生物群落常出现失衡现象，致使硝化细菌、氨化细菌、放线菌等有益微生物受到抑制，而如尖孢镰刀菌、疫霉腐皮镰孢菌等有害微生物和病原菌大量繁殖，减少作物对氮素的转化吸收和抗病能力，易引发植物根腐、叶腐和果实腐败。随着连续多年连作，土壤中的微生物多样性逐渐减退，土壤类型由"细菌型"向"真菌型"演变，有益的细菌、放线菌的数量随种植年限的增加呈现先升高后降低，而有害真菌的数量随种植年限的增加呈直线增加。同时，设施温室高温条件下，植物对水分的需求量剧增，充足的水分不仅满足植物生长，还为土壤中的根结线虫等有害虫害的侵入和扩散提供了温床。根结线虫在湿润环境中可以自由活动，侵入植物根系，导致根系损伤、根腐甚至植株死亡，严重影响作物的产量和品质。

（6）植株自毒作用突出

自毒作用是一种发生在植物种内的生长抑制作用，即同种植物的一些个体通过淋溶、残体分解和根系分泌，向环境中释放某些代谢的或分解的化学物质，对自身或邻近植物的生长产生直接或间接的有害影响。为了获得较高的经济效益，设施内往往要连续栽培产值相对较高的单一植物，不注意轮作倒茬。而长期种植同一种植物，会使其根系分泌物在土壤中不断增加，使有害物质持续积累。因此,在设施农业中,植株自毒作用的危害比大田栽培下更为突出。这种自毒作用会导致植物生长缓慢、发育不良,甚至死亡,严重影响产量。此外,设施内高度封闭的环境和集中栽培条件,容易使自毒物质在土壤和空气中积累而不易挥发与降解,增强了自毒作用的效应。尤其是在同品种连续多茬栽培的情况下,自毒物质不断累积,抑制下一轮作物的正常生长。研究发现在根分泌物中,10 种酚酸具有生物毒性,其中苯丙烯酸在浓度不到 0.01 mmol/L 时即表现出极强的毒性,即便是把表层土壤移走客土后,仍然会导致作物减产。植物自毒还会影响土壤微生物的平衡,抑制有益微生物的繁殖,从而降低土壤的肥力和抗病能力。

3.2.2 植物对土壤环境的要求

不同类型的作物在养分供应、土壤酸碱度和通气性等方面具有不同的适应特性。充足而平衡的养分是满足植物生长所必需的,而土壤的有机质含量、通气性和酸碱性则直接影响养分的有效利用率和根系的健康生长。

3.2.2.1 植物对土壤理化性质的要求

植物对土壤理化性质的要求是保证其健康生长和高产的基础条件。土壤的物理特性如结构、通气性和保水能力,直接影响根系的伸展与养分吸收;而如酸碱度等化学性质则决定了植物能否有效利用土壤中的养分资源。此外,土壤微生物通过分解有机质、转化养分,不仅影响养分的有效性,也可调节土壤结构和酸碱环境,成为植物健康生长不可或缺的重要因素。

(1) 蔬菜的需求

土壤通气适中是蔬菜正常生长发育的重要条件,若透气性差,容易引发烂根、沤根等现象,严重时甚至导致植株死亡。不同蔬菜品种对土壤含氧量的敏感程度不同,例如萝卜、甘蓝、番茄、黄瓜、菜豆和甜椒等,对氧气的需求较高,氧不足时会严重影响其生长。而蚕豆、豇豆和洋葱等相对耐缺氧的品种,对土壤含氧量的要求较低。除此之外,蔬菜对土壤酸碱度也有一定的适应性,大多数蔬菜偏好中性偏弱酸性土壤。表 3-1 列出了几种常见蔬菜作物适宜的 pH 值范围。

表 3-1 蔬菜适宜的酸碱度(pH 值)

蔬菜	莴苣	菜豆	黄瓜	茄子	冬瓜	番茄	萝卜	芹菜
pH	6.0~7.0	6.5~7.0	6.3~7.0	6.5~7.3	6.0~7.5	6.0~7.5	6.5~7.0	6.0~7.5

此外，蔬菜在生长过程中对土壤中微生物的依赖较为广泛，有益菌在其中起着关键作用。根瘤菌与豆科蔬菜形成根瘤，固氮增加氮素供应，有助于提高蔬菜的产量和品质；硝化细菌将氨态氮转化为硝态氮，方便蔬菜吸收利用，促进其健康生长；腐殖菌等有益微生物则可以分解有机物，改善土壤结构和肥力，增强土壤的通气性。此外，合理调控土壤中的微生物群落，还能增强蔬菜的抗逆性，提高抗病能力，从而实现健康高产。

（2）花卉的需求

花卉尤其关注土壤的酸碱度。根据土壤 pH 值的不同，花卉可大致分为三类：酸性土壤植物适宜于 pH 值在 6.5 以下的酸性土壤，像藿香蓟、杜鹃、山茶、油茶、吊钟花、栀子花和多种兰科植物等，主要在酸性或轻酸性土壤中生长最佳，被视为酸性土壤的指示植物；中性土壤植物则在 pH 值为 6.5～7.5 范围内表现良好，大部分花草树木都属此类；碱性土壤植物在 pH 值超过 7.5 的碱性土壤中生长优良，代表植物有柽柳、紫穗槐、沙棘、沙枣等，是碱性土壤的指示植物。在实际生产中，应根据花卉的具体需要合理调节土壤的酸碱度，以促进其色彩鲜艳、茂盛生长和健康发展。此外，良好的土壤通气性和适度的水分保持能力也是花卉生长的重要条件，有助于根系呼吸和养分吸收。表 3-2 列出了几种花卉适宜的 pH 值范围。

表 3-2　花卉适宜的酸碱度（pH 值）

花卉	兰科植物	百合	仙客来	雏菊	香豌豆	郁金香	风信子	石竹
pH	4.5～5.0	5.0～6.0	5.5～6.5	5.5～7.0	6.5～7.5	6.5～7.5	6.5～7.5	7.0～8.0

土壤有益微生物的繁殖和活性对花卉色彩、花期和抗逆性具有直接影响。根瘤菌虽主要作用于豆科花卉，但一些花卉亦可借助其他微生物固氮或改善土壤；放线菌能分解有机质，改善土壤结构，并抑制土传病害，促进花卉健康成长；硝化细菌则保证土壤中的氮素充分供应，满足花卉对营养的需要；同时，某些有益细菌还可增强花卉的抗病能力，提升其抗逆性。

（3）果树的需求

果树需疏松肥沃、排水良好、通气性好的土地。此外，大多数果树偏好中性或微酸性土壤，以利于根系的扩展和养分的有效利用。有些南方果树如杨梅、荔枝、越橘等果树在酸性环境中生长茂盛，根系发达，菌根繁茂，有利于养分吸收。而北方的苹果、梨则更喜中性土壤，在碱性或强酸性土壤中生长不良或不能生长。但树种不同，其适应性也各异，如桃、梨喜中性或微酸性，葡萄、枣、沙棘具有一定的耐碱性。表 3-3 列出了几种果树适宜的 pH

值范围。值得注意的是，如柑橘、苹果、梨等一般在 pH 值超过 8 时，叶片往往表现黄化。但若柑橘利用构头橙、苹果利用海棠果、梨利用杜梨作砧木，则能耐碱性土壤。

表 3-3 果树适宜的酸碱度（pH 值）

果树	苹果	梨	桃	葡萄	枣	樱桃	草莓	柑橘
pH	5.4～6.8	5.6～7.2	5.2～6.8	5.8～7.5	5.2～8.0	6.0～7.5	5.5～6.8	6.0～6.5

果树的生长与土壤微生物密不可分，健康的微生物生态系统能显著提升果树的根系吸收能力和抗逆性。固氮微生物如根瘤菌为豆科果树提供氮源；硝化细菌则帮助将氨氮转化为植物可用的形式，提高氮肥利用率；腐殖菌和放线菌等微生物则促进有机质分解，改善土壤的结构和水分保持能力。此外，某些微生物还能抑制土壤中的病原菌，减少病害发生，增强果树的抗逆能力。

3.2.2.2 植物对土壤养分的要求

土壤养分条件即土壤肥力，是衡量土壤能够提供植物生长发育所需的各种养分的能力，是土壤物理、化学和生物学特性的综合表现。在设施条件下，由于植物的复种率高、单位面积生物量大，需充足的养分支持其生长发育，所需的氮、磷、钾等肥料的浓度往往超过大田所需。

（1）蔬菜的需求

蔬菜作物的产品器官多鲜嫩多汁、个体硕大，因此对水肥的需求要求较高。研究表明，蔬菜所需的氮肥浓度比水稻高 20 倍，磷肥比水稻高 30 倍，钾肥比水稻高 10 倍。不同蔬菜的养分吸收能力和比例也有所差异，吸收能力强的有甜椒、花椰菜、牛蒡、芋头和小芜菁等，中等的如茄子、番茄、甘蓝和大白菜，吸收能力较弱的则包括芹菜、黄瓜和西瓜。根据耐肥性可以将蔬菜分类为强耐肥（如甘蓝、大白菜、芹菜、茄子）、中等耐肥（如番茄、辣椒、洋葱、黄瓜），以及弱耐肥的品种（如三叶芹、莴苣、甜瓜和菜豆）。蔬菜对硝态氮肥十分喜爱，但体内若铵态氮过多，会抑制钙和钾的吸收，影响正常生长，甚至引起生理病害或缺素症，尤其在低温条件下更为明显。例如，番茄脐腐病和甜椒、黄瓜叶斑病都与缺钙有关。在施肥中，应合理搭配两种形态的氮肥，以硝态氮 70%、铵态氮 30% 的比例为宜。蔬菜对土壤中氮、磷、钾等主要营养元素有较高的需求，氮素是促进叶片生长和叶色鲜绿的关键，缺氮会导致叶片发黄、茎秃和产量下降；磷元素有助于根系发育和花果生成，缺磷则表现为生长缓慢和根系苍白；钾元素则调节水分、增强抗逆性、改善品质。同时，蔬菜的根系旺盛，对微量元素如铁、锌、铜、锰等的需求也较高。

(2) 花卉的需求

花卉在生长过程中对土壤养分具有较高的需求，尤其是氮、磷、钾等主要营养元素，这些养分对其健康开花、叶色鲜亮及生长发育至关重要。氮素是促进叶片生长和提升绿叶色泽的关键，缺氮会导致叶片变黄、枝叶稀疏，从而影响其观赏价值；磷元素有助于根系的发育和花芽的形成，缺磷则可能导致根系苍白、生长缓慢；钾元素则调节植物的水分代谢，增强抗逆性，改善花卉品质和延长花期。除此之外，花卉对微量元素如铁、锌、铜、锰等也十分敏感，缺乏这些元素容易引起叶片变色、畸形，甚至导致提前凋谢。花卉对水分和肥料的需求较高，尤其是在盛花和观赏期，必须保证土壤充足的水分和及时合理的施肥，才能使花色鲜艳、枝叶繁茂、花期延长。由于不同花卉的类型，其养分吸收能力和耐肥性存在差异，可大致分为两类：一类是肥土植物，即大多数观赏植物都属于此类，喜欢在深厚、肥沃且适度湿润的土壤中生长，如梧桐、胡桃等。这些植物对土壤的通透性好、保水保肥能力强，有机质丰富，土温稳定的黏质栽培土较为适宜；另一类是瘠土植物，也称耐瘠薄植物，具有在较贫瘠土壤中生长的能力，例如马尾松、油松、木麻黄、牡荆、构树、桑树和锦鸡儿等。这类植物对土壤养分要求不高，适应性强。

(3) 果树的需求

合理的土壤养分供应对于保障果树的正常生长、花芽分化、结果数量和果实品质具有重要意义。氮素有助于枝叶的繁茂生长，增强光合作用，但过量施用则可能导致果实膨大受阻或品质下降；磷元素促进根系发达、花芽形成和果实成熟，缺乏时会使根系苍白、花少果少；钾元素关键作用于调节水分代谢、增强抗逆抗病能力和提升果实品质，缺乏则易引发早落、果色暗淡甚至裂果。除了这些主要元素外，微量元素如铁、锌、铜、锰等也对果树的健康起着重要作用，缺乏时会出现叶片黄化、畸形或果实品质下降。据调查显示，若果园土壤中有机质含量达到2%以上，基本能保障果树的丰产与优质产出。

3.2.3 设施土壤环境调控

随着现代农业技术的不断发展，设施农业凭借其高效、集约、可控的特点在我国农业生产中发挥着越来越重要的作用。土壤环境作为作物生长的基础和要素之一，其良好的调控对于提升作物产量、改善品质以及保障农业可持续发展具有关键意义。在封闭或半封闭的设施环境中，通过科学合理的水肥耕种管理、土壤改良措施，可以有效改善土壤结构、调动土壤养分、控制土壤病虫害，从而为作物提供一个优良的生长环境。

3.2.3.1 水肥耕种策略

在现代设施农业中，科学的水肥耕种策略是保障作物健康生长、提升产量和品质的核心环节。合理的水肥管理不仅关系到土壤的生态环境，还直接影响作物的营养吸收效率和抗逆能力。随着农业技术的不断进步，通过精确控制灌溉和施肥，能够实现资源的高效利用，最大限度地发挥作物潜力。

（1）栽培策略

在设施农业中，科学合理的栽培策略是确保高产和优质的关键基础。首先，应根据设施环境条件选择适宜的品种，优先选用抗逆性强、适应性广、产量稳定的品种，以保证在封闭或半封闭环境中的高效生产。其次，合理规划作物布局，确保光照充足、通风畅通，有助于降低病虫害发生。通过合理设置行距和株距，不仅可以有效利用空间资源，还能促进空气流通，减少湿气积聚，从而降低病害风险。

为了持续改善土壤环境，实行科学的轮作、间作、套作和休茬制度尤为重要。连续多年的单一作物生产容易导致土壤病原菌积累，加剧连作障碍。例如，设施黄瓜连续种植后，采取在夏季休闲期种植速生叶菜和青蒜，不仅可以提升土壤的微生物量碳、微生物总量和酶活性，还能减少根结线虫的数量，提升后续作物的产量。这些措施有助于改善土壤结构，维护土壤肥力。轮作和间作还能合理利用土壤中的养分，增加土壤酶活性，改善微生物环境，抑制病原菌的繁殖，从而减轻病害。在制定轮作和间作制度时，应考虑作物的化感作用。例如，番茄的挥发物会抑制黄瓜生长，因此不建议番茄与黄瓜间作。合理的前茬作物选择，如以大白菜、甘蓝和辣椒作为黄瓜的前茬作物，或以菜豆、黄瓜和大白菜作为番茄的前茬作物，都能有效减少病害的发生。为了满足经济效益的需求，某些区域可能仍需要进行短期的连作。在此情况下，应采取技术措施如轮作、深翻、施用有机肥和生物制剂等，增强土壤微生物多样性，抑制病原菌的繁殖与发病风险。同时，应结合设施特点采用育苗等先进技术，确保幼苗生长的健康稳定，为后续生产提供良好的基础。

（2）灌溉策略

设施农业中土壤次生盐渍化的形成主要由土壤水分的上升运动以及耕作层中的蒸发作用共同作用引起。灌溉方式在调控土壤水盐平衡、减少盐分积累方面起着关键作用。因此，科学合理的灌溉策略是减轻土壤盐碱化、促进作物健康生长的重要措施。在实际操作中，应根据不同作物的种类、品种、栽培时间以及各个生长时期对水分的不同需求，合理确定灌溉定额和频次。合理的灌溉不仅能保持土壤湿度的适宜，还能有效控制盐分向土壤表层的上升，避免盐碱化程度加重。目前，在设施栽培中灌溉措施主要采用的有以下几种。

①膜下沟灌：一种设施内常见的灌溉方式，它通过在土壤表面铺设塑料膜，并在膜下挖沟，将水引入沟内进行漫灌，设备简单、操作方便、成本较低。然而，这种方法水量大，容易造成水资源的浪费。浇水后，土壤容易板结，通气性变差，不利于根系健康生长。此外，棚室内空气湿度较大，易引发病害。特别是在早春进行大水沟灌时，容易降低地温，不利于作物生长。因此，建议在晴天上午进行沟灌，浇水时需注意加强通风，防止空气湿度过高。

②膜下滴灌：一种先进的节水灌溉技术，在土壤表面铺设塑料膜，将滴箭头或滴管埋设在铺设塑料薄膜下，通过微量滴水直接供应根部，有效避免水分蒸发，特别适用于设施农业和水资源紧张地区。它具有节水效果显著、水分利用率高、土壤湿度均匀的优点，能够防止土壤板结，保持土壤疏松通气，有助于根系的健康生长，同时还能有效抑制杂草生长。滴灌技术不仅省工、省水，还能促使根系发达，显著提高蔬菜产量。但在地下水矿化度高的地区，滴灌带可能容易堵塞。总的来说，膜下滴灌凭借其高效节水的特性，已广泛应用于现代农业中，是提高作物产量和品质的重要关键技术。

③渗灌：一种地下灌溉技术，通过特殊的管道系统，将水以缓慢而均匀的方式渗入土壤中，直接补给作物根系层。这种方法具有灌水质量高、节约用水、改善土壤结构和湿度分布均匀的优点，不仅能有效防止土壤板结和水分流失，还能减少水源污染。然而，渗灌系统的建设和维护成本较高，容易发生淤塞，且受土壤性质的影响较大，在土壤透水性较差的地区效果有限。在实际应用中，需根据具体条件合理选择和设计，充分发挥其节水高效的优势。

④喷灌：一种常用于地表或高空喷灌的灌溉技术，通过安装在管道上的喷头将水雾状或细雾状喷洒，覆盖较大面积，适合大田、草坪和园艺景观灌溉。喷管具有安装方便、多样性强、覆盖面积广、可调节喷雾角度的优点，能够快速实现均匀喷洒，节省时间和劳动力。园林花卉和中草药栽培适宜喷灌，高温季节适宜喷灌，能降低棚室温度、提高空气湿度。

⑤陶瓷根灌：一种传统的地下滴灌技术，利用陶瓷透水器或陶瓷管道，

将水缓慢渗透到土壤中，直接补给植物根系。陶瓷器具具有透水性好、阻堵性低、使用寿命长的优点，能实现水分的均匀渗透，减少水分蒸发和浪费，适用于果园、苗圃等需长时间持续灌溉的场所。然而，陶瓷根灌设备存在易碎、安装复杂、维护成本较高等缺点，且易受土壤盐碱化或水质影响导致堵塞。

此外还有膜上灌、涌泉灌等方法，科学合理的灌溉方式不仅有利于根系的正常发育，还能增强土壤的透水性，减少积水带来的土壤盐分积累。

（3）施肥策略

过量使用化肥不仅会污染土壤和地下水，还可能导致土壤盐分逐渐积累，最终在作物中富集，影响作物的品质与安全。以硝酸盐为例，人体摄入的80%的硝酸盐来自蔬菜，而硝酸盐还原为亚硝酸盐后，能与人体内的氨基酸反应生成亚硝胺，这是一种具有致癌性的物质。因此，科学施肥、合理管理尤为关键，以减少对环境和人体健康的潜在危害。鉴于设施农业中作物密度大、复种指数高，推荐以有机肥为主、化肥为辅，合理搭配氮、磷、钾的比例，根据不同作物的生长阶段实施定制化施肥，并采用水肥一体化技术控制化肥的总用量。有机肥营养元素释放缓慢，不易引起土壤盐害，能够增强土壤缓冲能力，改善土壤结构，促进根系发育。因此，应适当增加有机肥的施用量，但施用前必须充分腐熟，以避免引发病害或产生有害物质。在辅选化肥方面，应优先选择尿素、过磷酸钙、磷酸铵和磷酸钾等优质化肥，它们能有效为植物提供所需养分，减少不必要的酸根在土壤中的残留，利于营养的合理利用和作物的健康生长。

3.2.3.2 设施土壤改良方法

由于长期高强度利用、不科学的管理措施以及设施农业特殊的环境条件，设施内的土壤常常出现盐碱化、养分失衡和微生物失调等劣化问题，严重制约着设施农业可持续发展。因此，有效的土壤改良方法对于改善土壤理化性质、提升土壤肥力、预防和控制土壤病害具有重要意义。

（1）物理方法

物理改良法是一种通过改善土壤的物理性质，提升土壤环境质量，从而促进作物健康生长的重要措施。主要通过调节土壤温度和水分，杀灭土壤中的病原微生物、害虫和杂草种子，同时改善土壤的结构和通透性，降低盐碱化和板结的风险。这类方法安全环保，操作简便，广泛应用于农业生产中。

①客土法：将优质的外来土壤（即客土）铺施到原有的劣质或盐碱、沙化等问题严重的土壤表层，以改善土壤的理化性质，提高土壤的肥力和结构

稳定性。这种方法能够有效解决局部土壤的盐碱化、板结或沙化问题，改善作物的生长环境。不过，值得注意的是，即使采用客土法，长时间后仍会出现土壤盐分累积等问题。

②深翻土壤：通过深翻改善土壤的整体结构，增强透气性和排水能力，减少积水和板结现象，促进盐的表层土壤与下层土壤充分混合，帮助稀释局部盐分浓度，以减轻或防止盐离子在耕作层积聚。

③水排盐：在高温休茬期，通过揭掉温室、棚覆盖物，接受自然降水的充分淋洗，或者采用人工漫灌，在栽培设施附近开挖排水沟，让水带着盐分汇至沟中流走。对于长久使用的温室、大棚，可在设施土壤下部铺设固定的暗排管道，当发现土壤盐浓度超标且对植物生长造成阻碍时，应及时增加灌溉频次和灌溉量。

④物理消毒：为有效控制土壤中的病虫害和改善土壤环境，采用多种物理方法进行土壤改良与消毒。常用措施包括利用太阳能、蒸汽或70℃以上的热水，通过提高土壤温度来杀灭病原微生物和有害微生物。在炎热的夏季，可以在设施的休闲期间进行太阳能消毒，方法是先将土壤翻松、灌水，然后用塑料薄膜密封覆盖15～20 d，以实现高温杀菌。北方地区结合冬季低温条件，采取揭膜和深翻措施，也能有效减轻土壤中的病虫害。此外，翻松土壤后利用热蒸汽持续灌注30 min，也是一种非常高效的消毒方法，能显著杀灭绝大多数土壤病原菌。

（2）化学方法

化学改良作为土壤改良的重要手段，主要通过施用专用的土壤消毒剂和改良剂，有效改善土壤的理化性质，增强土壤的肥力和结构稳定性。这些化学药剂不仅能杀灭土壤中的各种病原微生物、害虫和杂草种子，防止土传病害的传播，还能够调整土壤的酸碱度、盐碱度和含盐量，优化土壤环境。但在应用过程中，必须结合具体的土壤检测结果，科学合理地选择药剂类型和用量，避免过量施用带来的土壤污染和环境破坏。此外，应注意操作的安全措施，确保施工人员和周边环境的安全。

①土壤消毒剂：常用的药剂包括氯化苦、甲醛和硫磺粉。氯化苦主要用于防治土壤中的线虫，采用堆高床土、注药和覆盖薄膜的方法操作，但此药剂具有一定毒性，使用时需格外谨慎。甲醛（40%）常用于温室和温床，通过均匀喷洒在土壤表面后覆盖薄膜，是短期内消灭病原菌的有效办法。硫磺粉则适用在播种前的熏蒸处理中，可以有效杀死白粉病菌和红蜘蛛等病害。在使用这些药剂时，均需提高土壤温度至15℃以上，以确保效果最大化。此

外，液体药剂可通过土壤消毒机直接注入深层，利用犁式、凿刀式、旋转式或注入棒式等动力式设备，快速实现药剂均匀分布，有效杀灭潜在的病原。

②土壤改良剂：常用的改良剂包括石膏（硫酸钙），可以有效中和碱性土壤，缓解土壤板结问题，改善土壤的结构和通透性。富含腐殖酸、螯合剂等有机质的改良剂，有助于提高土壤中有机质的含量，促进养分的有效利用，激活土壤微生物的活性，从而提升土壤的肥力。此外，还可以施用石灰等盐碱矫正剂，调节土壤的酸碱度，缓解盐碱化问题，减缓盐分在土壤中的积累速度。

（3）生物方法

生物方法利用微生物或植物的作用，改善土壤环境。通过施用有机肥料、腐殖质以及生物有机肥等富含固氮菌、解磷菌等有益微生物的材料，可以有效增强土壤的微生态系统，促进土壤团粒结构的形成，改善土壤的通透性和保水能力。特别是在盐碱地改良中，加入抗盐碱的益生菌，有助于盐分的沉淀与排出，增强土壤的抗盐能力，减少盐碱化的发生。

①施用有机肥：在设施农业中，应优先选择有机肥料。因为其缓释性强，经过充分腐熟的有机肥不会导致盐分浓度迅速上升，还能改善土壤的理化性质，增加松散度和透气性，提高含氧量，有利于作物根系的健康发育与生长。

②秸秆还田：将作物秸秆还入土壤，是改善次生盐渍化土壤的有效措施。除豆科作物外，其他作物秸秆的碳氮比普遍较大，施入后在微生物分解过程中，可增加土壤中的氮素。研究显示，1 g 未腐熟的稻草可以固定 12～22 mg 的无机氮，有助于缓解土壤氮素的流失。

③引入拮抗菌：通过引入培养好的拮抗菌，可以提高土壤中自然存在的拮抗微生物的活性，从而抑制土传病害的发生。例如，从黄瓜根际土壤筛选的三株拮抗菌菌株（枯萎病菌 DS-1、放线菌 SG-126 和细菌 Q-2）都能增强黄瓜对枯萎病的抗性，显著降低发病率。

④施用微生物菌肥：在设施土壤中施用微生物菌肥，可以有效提升土壤肥力的持续性，改善土壤微生态系统，增强作物抗病能力。研究表明，在基础施用有机肥的基础上添加一定比例的生物复合菌肥（如磷酸二铵、硫酸钾配合菌剂），可明显提高土壤中的速效钾、磷及碱解氮含量，有助于缓解土传病害（如菌核病、枯萎病），并调节土壤环境，促进植株健康生长。此外，菌肥还能通过微生物的作用缓解土壤中毒性物质对作物的抑制作用。

⑤高温发酵法：在每年的夏季高温季节，将表层土壤与粉碎的秸秆充分混合，堆成圆锥形堆，然后在堆顶挖坑，间隔 2～3 d 向坑内灌入粪尿水等有

机肥料。经过高温发酵处理，不仅能够稀释土壤盐分，改善土壤的理化性质，还能杀灭土壤中的病虫害和杂草种子，补充矿质营养，从而显著改善土壤的肥力和结构。

⑥种植绿肥作物：在设施农业中，种植绿肥作物是一项重要的土壤改良措施。以豆科植物苜蓿、紫云英等为代表的绿肥作物，具有固氮作用，能增加土壤中的氮素含量，改善土壤肥力。同时，其深根系有助于松动土壤、吸收土壤中的多余盐分，改善土壤的理化性质，为后续作物提供良好的生长环境。此外，绿肥还能抑制杂草，改善土壤结构，提高土壤的抗盐碱能力，是实现土壤持续健康发展的有效途径之一。

3.3 温室水培技术

水培是最早出现的无土栽培形式之一，也是现代无土栽培技术的主要形式。其核心在于采用营养液作为栽培介质，营养液的成分可以根据栽培作物的种类、生长阶段、季节变化及品质需求进行灵活调节。随着现代农业的不断发展与技术创新，水培逐渐演变出多种系统，如营养液膜技术（NFT）、深液流水培（DFT）和雾培等，成为当今农业中效率高、效果佳的无土栽培技术。

3.3.1 水培系统分类

随着无土栽培技术的不断发展，出现了许多不同类型的水培系统。根据营养液液层的深度、设施结构以及供氧和供液的管理方式不同，可以将其划分为不同的水培技术方法。这些方法可以有效调节水分、养分和氧气的供应，为植物提供理想的生长环境，促进其健康和高效生长。

（1）营养液膜法（NFT）

营养液膜法（Nutrient Film Technique，NFT）是一种常用的无土栽培水培系统。它通过倾斜的管道或槽，利用水泵将营养液循环流动，形成一层仅几毫米厚的营养液薄膜，不断流经植物的根系。根系悬挂于液膜之上，既能充分吸收水分和养分，又能接触到充足的空气，促进根部呼吸和生长。这种系统具有养分利用率高、根系通气良好、设备结构简单和维护方便等优点，特别适合高密度、高产值的叶菜类作物，如生菜、菠菜等。在操作过程中，营养液的连续流动保证了养分的高效利用，且系统的自动化程度较高，有利于实现高效、集约化生产。然而，NFT系统对水泵和循环设备的依赖较大，一且设备出现故障,可能会严重影响作物生长。此外,由于根系悬挂于液膜之上,系统不太适合根系较大或需要较深根域的作物。高温环境下,水膜易蒸发,可能影响营养液的供应和作物的生长。

(2)深液流法(DFT)

深液流法(Deep Flow Technique,DFT)与营养液膜法类似,但其液层较深,根系部分会浸泡在营养液中,而根颈悬挂于液面之上。通过深层的营养液提供稳定的水分和养分循环,使根系能够在相对温和的物理环境中生长。该系统的最大优点是深层营养液中的养分、温度和水分变化较小,为植物创造了更为稳定的生长环境,有助于长周期作物的健康生长。特别是在环境条件变化较大或对作物生长环境要求较高的温室中得到广泛应用,适合追求高品质和高产量的现代农业生产。

(3)浮板毛管法(FCH)

浮板毛管法(Floating Capillary Hydroponics,FCH)是一种基于毛细作用原理的水培技术。系统中在营养液上铺设泡沫浮板,板上覆盖亲水性无纺布,无纺布部分延伸入液中,通过毛细作用将营养液一直保持在根系附近,形成稳定湿润的根际环境。根系悬挂于无纺布之上,既能充分吸收水分和养分,又能保证根部空气流通,从而促进健康生长。由于系统结构简单,设备成本低,维护方便,且具有抗断电能力强、供氧充分的优势,即使在短暂停电或环境突变的情况下,也能保证植物正常生长。

(4)气雾培系统法

气雾培系统法(Aeroponics)是一种先进的无土栽培技术,其核心原理是利用高压喷雾装置将营养液雾化成细小的水滴,直接喷射到悬挂在密闭栽培空间中的植物根系上。在该系统中,植物的根系悬挂在空气中,根部暴露于雾状的营养液中,既能充分吸收水分和养分,又能获得大量的空气,根系通气效果极佳。这种模式在解决根系水气矛盾方面表现出色,养分吸收率高,同时由于营养液通过雾化提供,可以实现快速的养分传递,促进植物健康成长。气雾培系统的自动化水平较高,操作简便,能够实现灌溉和养分调控的智能化管理。此外,它还能有效利用垂直空间,极大提高空间利用效率,广泛应用于高值植物、水果苗木以及观赏植物的生产中。但该系统对设备要求较高,维护和调控较为复杂,常见于玻璃温室、现代高科技温室以及垂直农业等高端应用场景。

除了上述方法之外,动态浮根法(DRF)也是近些年来创新的一种水培技术,该技术利用自动控制系统调节营养液的水位,以促进根系的健康生长。

当营养液达到预设深度时,系统会自动排出多余的水分,使水位下降,推动根系随着水位的升降上下浮动。这种动态调节的方式最大优点在于能够灵活调节根区的水气环境,有效避免水涝或干旱带来的不良影响,从而提高根系的抗逆性。虽然该系统结构相对复杂,需要配备自动排液和控制装置,但它能显著改善根系环境,促进植物快速生长,因此在各类水培生产、农业科研和绿色植物养护中逐步推广开来。

3.3.2 营养液的配制及管理

营养液是一种专为无土栽培设计的液体肥料,富含植物所需的多种微量和矿质元素,是实现高效水培的重要保障。其科学配制与严格管理对保证植物健康、提升产量具有重要意义。

(1) 营养液配制

营养液的配制应根据不同作物的生长需求,合理搭配各种主要元素(如氮、磷、钾)、微量元素(如铁、锰、锌、铜、钼、硼等)以及钙、镁等辅助元素。在配制过程中,首先需要按比例准确称取各类盐类或配比剂,逐步加入清水中,边加入边搅拌,确保完全溶解和均匀混合。调配完成后,营养液的pH值应控制在5.5～6.5,EC值应根据作物生长阶段调整,以保证营养元素的有效吸收。营养液应符合理化性质,避免含有害物质,且在使用过程中要定期检测与调整,确保其稳定性和纯净性。

在营养液的配制和使用中,还应遵循一些原则:首先,确保所用元素全部能完全溶解于水中,特别是在无土栽培环境中,氮肥中的铵态氮不超过总氮的25%。选用水源时,优先考虑雨水或软水,若使用硬水,应检测水中化学成分并减少施肥浓度,避免营养液浓度过高导致根系受损。其次,应特别注意钙、硫酸盐和磷等离子可能与其他离子结合形成难溶沉淀。在配制高浓度原液时,要避免混合存放,而在用时按照比例稀释,边搅拌边加入肥料,确保充分溶解。建议使用磷酸或硝酸调节pH值,并先稀释成10%～20%的溶液进行调配,以防偏离理想范围。每次配制后,应完成过滤、加温和消毒处理,以保证营养液的纯净与安全,通常采用高温、紫外线或紫外过滤器。在实际操作中,应将肥料先配成原液,再逐步加入水中,边加边搅拌,避免不均匀影响根系吸收。最后,还应定期分析营养液和作物组织中的营养元素含量,及时调整配比,以确保营养供应科学合理,有助于作物的健康成长和高品质产出。

（2）营养液管理

营养液管理的核心内容包括 EC 控制、pH 值调节、温度调节、氧气供应、定期更换以及病害和自毒物质的控制。EC 值常作为衡量营养液盐分浓度的指标，一般适宜范围为 2～4 mS/cm，超过或低于此范围都会影响作物生长。除了依赖 EC 指标，还应定期检测主要元素（如氮、磷、钾）含量，确保各元素比例合理，避免偏废。pH 值应控制在 5.5～6.5 范围内，不同作物有不同的耐受区间，调节时可用稀释的磷酸或硝酸逐步调配，幅度不宜超过 0.5，以免损伤根系或引起养分失衡。在温度方面，营养液应保持在适宜范围：夏季不超过 28℃，冬季不低于 16℃，通过加温或冷却设备保持液温稳定，减少环境温差对植物的影响。在氧气管理方面，尤其在水培中，应采用循环流动、搅拌、增氧器、压缩空气和喷雾等多种方式，确保营养液中的溶解氧含量在 4～5 mg/L，有利于根系呼吸和健康。

营养液的定期更换也是确保系统持续健康的重要措施。长时间循环后，盐、污染物和自毒物质逐渐积累，影响作物吸收和生长。通常建议在中期（约 3 个月）整体更换一次，对于短期作物则每季更换 1～2 次。更换前，应结合检测结果，及时调整养分比例，避免有害物质堆积。此外，为防止微生物滋生和自毒物质的累积，应采用紫外线、臭氧、高温处理和高效光催化技术进行消毒和有机物氧化。近年来，结合 LED 光催化技术的设备在行业内得到广泛应用，不仅节能高效，还能有效去除有机物和杀灭微生物，减少环境污染，确保营养液的纯净和系统的稳定运行。

3.3.3 水培技术优势与挑战

水培技术作为一种高效的无土栽培方式，近年来在农业科学研究与生产实践中表现出显著的潜能与多方面优势。首先，通过采用营养液体系，水培能够实现营养物质的精准配比与高效传输，显著提升植物的营养吸收效率。由于养分直接在根系周围以溶液形式供给，能够有效降低养分散失，增强利用率，从而达到提高作物产量与品质的目的。其次，水培系统具有缩短植物生长周期的潜能，能在一定程度上加快作物成熟期，增强产出效率，符合现代农业高产优质的发展要求。再次，水培技术具备较高的环境适应性与可持续性，其不依赖土壤资源，有助于减少土地资源的占用与生态破坏，有效规避土传病害和土壤污染问题，驱动绿色农业的发展转型。最后，在技术集成方面，水培系统可以实现高度的自动化管理，通过传感器和智能控制系统调节养分浓度、pH 值、温度和溶解氧等参数，极大地提升运行效率和管理科学化水平，从而降低人力成本，满足现代化农业生产的需求。

然而，水培技术在广泛推广与应用过程中仍面临诸多挑战。其首要瓶颈在于高昂的设备投资成本，包括营养液制备与循环系统、温控与环境调节设施、溶氧设备等基础硬件的建设，成为推广的经济障碍。其次，系统的稳定性与安全性高度依赖于精确的水质管理和维护，菌群繁殖、病原微生物的滋生以及有害自毒物质的积累，均可能引发系统故障或导致产量和品质下降，增加监控和维护的难度。再次，尽管循环利用营养液具备资源节约的潜力，但若管理不善，容易出现盐分积累、养分不平衡或系统污染，影响作物健康。技术门槛较高也是限制推广的一个重要因素，操作系统要求专业技能，亟须制定标准化操作流程和培训体系才能普及。最后，地下水矿化度大也是制约水培推广的因素之一，高矿化度水源容易引起系统损坏，对作物造成盐胁迫，影响作物的正常生长。实现水培的可持续发展，仍需在设备成本、技术革新、环境适应能力及生态影响等方面进行系统性突破与优化。

3.4 温室基质栽培

作为一种高效且可控的植物栽培方式，基质栽培在戈壁温室生产中得到广泛应用。相比传统土壤栽培，基质栽培具有脱离原土条件、提高水肥利用效率等显著优势。与水培相比，基质栽培在稳定性和基质多样性方面具有明显优势，有助于提升植物的成活率和抗病能力。随着科技的不断进步，温室基质栽培正朝着智能化、绿色化方向稳步发展，为实现农业的可持续发展和保障食品安全提供了重要的技术支撑。

3.4.1 基质分类

基质作为温室栽培的重要基础材料，具有支撑植物生长、提供营养、调节水分与通气的功能。基质的分类丰富多样，主要可以从来源、组成、性质和使用方式等多个角度进行划分。

在来源方面，基质主要分为天然基质和人工基质。天然基质包括沙、石砾、泥炭、树皮、稻壳等自然采集或堆积而成的材料，因其资源丰富、成本较低而被广泛应用；而人工基质则由物理和化学处理后制成，如岩棉、泡沫塑料、多孔陶粒等，具备用料可控、稳定性强等优势。

在组成结构上，基质可分为无机基质和有机基质。无机基质以沙、石砾、岩棉、珍珠岩、蛭石等矿物质为主要成分，具有良好的稳定性和持水排水性能；有机基质则由泥炭、树皮、蔗渣、稻壳、椰壳纤维、芦苇末等有机残体组成，具有丰富的养分和良好的生物活性。

根据物理性质，基质又可划分为惰性基质和活性基质。惰性基质如沙、石砾、岩棉、泡沫塑料等，基本不含养分，也不具备阳离子交换能力，主要起支撑和缓冲作用；而活性基质如泥炭、蛭石、芦苇末，含有一定的养分存储与交换能力，能调节土壤或基质的养分环境。

在使用方式上，基质可以是单一成分或复合配比。单一基质虽然具有简便性，但常存在容重偏重或偏轻、通气不良、保水差等缺陷。为了弥补不足，常采用多种材料混合形成复合基质，例如，砾石、沙、草炭、蛭石、椰糠、木屑、岩棉、珍珠岩等。工业有机废弃物如树皮、蔗渣、稻壳、食用菌下脚料经堆制后也能制成高品质的有机基质。此外，膨胀陶粒、泡沫塑料等人工合成材料也常作为基质组分，被广泛应用于不同的栽培体系中。这些多样化的基质类型，为现代无土栽培提供了丰富的选择基础，满足不同作物、环境和管理需求。

3.4.2 基质栽培技术

基质栽培技术的核心流程包括基质准备、种植管理与再利用三个环节。在基质准备阶段，首先选择适宜的基质材料（如泥炭、蛭石、珍珠岩等），并根据不同作物的生长特性和需求，结合孔隙度、保水性、通气性及酸碱度等指标，科学合理地配比，形成最优组合。科学的基质配比不仅能够满足植物根系的氧气和水分需求，还能确保养分的高效利用，促进植物的健康生长和高产。配制完成后，基质需经过灭菌或消毒处理，以确保无菌状态，防止病原菌或害虫的滋生。

在实际栽培过程中，应结合作物特性选择合适的栽培方式，如槽、沟、桶或袋等，以提高空间利用率和管理效率。不同的方式可以根据实际条件和作物种类灵活调整，便于机械化操作和管理。在作物生长周期中，应持续监测基质水分、养分以及 pH 值，合理调整灌溉和施肥方案，及时调节环境参数，以确保植物获得充足的养分与适宜的生长条件。收获后，需及时清理并维护基质，确保下一轮种植的顺利进行。

3.4.3 基质的消毒及再利用

在多茬栽培过程中，基质往往会残留腐烂根系、病原微生物、盐分以及线虫等有害物质，再加上理化性质的变化，严重影响后续作物的生长和品质。

因此，换茬时进行彻底的基质消毒是确保下一轮栽培顺利进行的关键环节。常用的消毒方法主要包括物理和化学两种类型。

物理消毒方式如高温蒸汽灭菌、太阳能暴晒和热水浸泡，操作简便、安全且效率较高，尤其适合大规模生产。如蒸汽消毒时，可以将用过的基质装入消毒箱或容器内，或堆叠成一定高度后，用防水防高温的布覆盖，再通入70℃以上的蒸汽，持续消毒。不同基质在驱除病虫害时对高温处理的要求各不相同，需合理调整以确保彻底消灭病菌和害虫。例如，黄瓜病毒需在100℃的高温下才能被完全灭除。对于裸露的岩棉基质，蒸汽消毒通常需要持续2 h；而包裹在材料中的岩棉则需要延长到5 h。蒸汽消毒效果好，但设备投资较高，而太阳能消毒是一种环保、低成本且操作简便的方法。在夏季高温季节，可以将湿润的基质堆放在温室内，覆盖塑料薄膜进行封闭，然后利用日照产生高温，将其暴晒10 d以上，可有效杀灭病菌和线虫，达到较好的消毒效果。这一方法简便、安全，适合资源有限的生产环境，具有广泛的应用潜力。

化学药剂消毒是另一常用手段，主要目标是杀灭土传病原菌和线虫等有害生物。常用药剂包括漂白粉（次氯酸钠）、过氧化氢以及甲醛等。处理方式主要有两种：一是将药剂在栽培槽或基质内部滞留24 h，然后用大量清水冲洗3～4次，直至药剂完全洗净；二是用喷壶将药液均匀喷洒在基质上，之后覆盖塑料薄膜，经过24～36 h的发酵，揭膜放风，最后充分晾干后再行使用。氯化苦等蒸气消毒剂也常用于基质熏蒸，具体操作是在堆好的基质中注入药液，用塑料薄膜封闭，经过7～10 d的熏蒸，揭膜晾晒一周后即可使用。在使用化学药剂时，必须严格遵循操作规程，确保人畜安全，同时注意环境保护。

基质的再利用不仅能够降低生产成本，也有助于资源的循环利用。在再次使用前，应对消毒后的基质进行必要的检查和调理：去除残存的污染物和杂质，补充或调节养分与pH值，确保其符合作物的生长要求。为延长基质的使用寿命，还应采用合理的轮作制度和科学管理措施，减少劣化和污染，从而实现基质的持续利用与可持续发展。

3.5 栽培介质的未来发展展望

栽培介质作为设施农业中植物生长的核心载体，其种类与性能直接决定了作物的根系发育、养分吸收效率以及最终产量与品质。不论是传统的土壤栽培、固体基质栽培，还是水培技术，各类介质各有优势与局限。在温室这种相对封闭、可控的环境中，介质选择与管理策略不仅要满足作物的基本需求，更要与环境条件、技术水平和生产目标相适应。

土壤栽培凭借其资源丰富、成本低廉的优势，仍然广泛应用于农业生产中。然而，在设施农业条件下，它面临酸化、盐渍化和自毒积累等一系列挑战，亟须通过科学的调控和改良措施加以解决。基质栽培具有良好的可控性和广泛的材料适应性，在高效集约化生产中表现突出，尤其适用于花卉、蔬菜等高价值作物，但对基质的配置、消毒和重复利用要求较高，频繁更换基质也会增加生产成本。水培系统具有清洁、高效和高资源利用率的特点，但同时对技术水平、设备维护和管理能力提出了更高的要求。

随着农业科技的不断进步与资源环境约束的加剧，栽培介质的发展将呈现以下几个趋势。

（1）本土化、功能化基质的研发

利用本土资源作为原料的栽培基质，以降低生产成本、提升适应性并减缓资源消耗。同时，结合植物生长需求，开发具有调节营养供应、提升根系通气、改善水分保持能力或具有抗病抗逆性能的复合型基质及配套的栽培设备。

（2）废弃资源再利用

通过对工农业废弃物的资源化处理，开发出高性能、绿色环保的基质，已成为推动可持续农业的重要发展趋势。同时，开发针对营养液的回收利用及无毒害化的处理技术，有助于实现资源的循环利用。此外，咸水的处理也将成为未来研究的重点，为盐碱地的改良和水资源的合理利用提供有力的技术支撑。

（3）土壤健康恢复与基质重复利用

未来，借助科学的土壤修复技术，将系统地恢复和增强土壤微生物的多样性，改善土壤的团粒结构，并调节养分平衡，从而提升土壤的生物活性和肥力。同时，创新基质的循环利用技术，实现农业基质的多次利用，降低对新资源的依赖，减少生产成本和废弃物的产生。这不仅有助于维护生态环境的可持续发展，也可以推动农业生产方式向更加环保、资源节约的方向转型，为未来农业的绿色发展奠定坚实基础。

（4）标准化与智能化建设

通过融合传感器、物联网和人工智能技术，构建以实时数据为基础的智能管理系统，是未来发展的核心方向。结合作物的生长表现和 AI 判断，可以根据不同作物的需求，实现对栽培介质中的水分、养分、温度以及周围环境要素的智能调控方案。未来，设施农业必将朝着高质量、高效率和可持续发展的方向迈进，实现农业生产的智能化转型。

综上所述，栽培介质的研究与应用已从单一物理承载功能，迈向多功能、高集成、智能化的方向发展。它不仅是作物生长的根基，更是设施农业智慧管理与绿色生产的重要切入点。通过持续的科技创新与系统管理优化，未来温室栽培将在保障农产品质量安全、提升农业可持续能力方面发挥更加核心的作用。

第4章
戈壁设施生产机械化装备

针对戈壁设施农业存在着蔬菜品种分散、生产过程机械化率低、劳动力匮乏等现象,以减轻农民生产劳动强度和提高设施农业生产过程机械化利用率为目标,将主要环节设备机械化、控制自动化和智能化、管理数字化和信息化与设施农业深度融合,集成优化现有设施农业信息化、机械化及智能化技术装备,实现设施农业产前、产中、产后全过程的设备提升,改进介入管理运行,提升设施装备使用率,从而解放人力,提升农业生产效率,提升设施农业的工业化和机械化生产水平,提高劳动生产率。

4.1 戈壁设施农机化发展现状

随着国家对戈壁设施农业的支持力度加大,戈壁设施农业的规模不断扩大,戈壁设施农机化发展现状呈现出技术突破与产业升级并进的特点,机械化水平提升,各省区农机装备和作业水平大幅提升,农机化管理体制机制持续优化,农机安全监理、农机试验鉴定、农机推广及农机科技创新等工作取得明显成效,已迈入向全程全面高质高效转型升级的发展时期,为保障重要农产品有效供给、实施乡村振兴战略和全面建成小康社会提供了有力支撑。

4.1.1 农机化装备整体水平

我国农机保有量已达2亿台套,总动力11亿kW,综合机械化率达到74%。规模以上企业2 200多家,主营业务收入2 428亿元,生产14大类50小类4 000多种农机产品,占据全球市场27%的份额。据2018—2023年中国统计年鉴数据,从2018年起,各省农业机械化总动力呈线性增长趋势,中大型拖拉机及配套农具的数量逐年增加,涨幅达15%~65%,机械化水平不断提升,大功率、高效能、复式作业大幅增加,智能农机装备和信息化技术如自动驾驶拖拉机、分流式平地机、精量播种机等在田间得到广泛应用,不仅提高了作业效率,还减轻了劳动强度。

从主要农机产品自主化率来看，机械传动拖拉机已达90%，动力换挡拖拉机超过60%，谷物联合收获机、精量播种机、棉花采摘机自主化率均达80%，青饲料收获机、智慧农业技术装备（传感器、算法模型）达到90%，打捆机为85%，自走式喷杆喷雾机为70%，高端农机装备达60%。我国农机出口向好增长，近年来同比增长5.1%。其中，大中型拖拉机出口量同比增长13.4%；收获及场上作业机械出口量同比增长45.4%；种植、田间管理机械出口量同比增长40.5%。

截至2024年底，新疆农作物综合机械化水平达到88.15%，农林牧渔综合机械化水平达到72.99%，小麦、玉米耕种收综合机械化水平分别达99%、95%以上，棉花机械化采收实现新突破，全区棉花机采率达85%，较2023年提高4个百分点。林果、畜牧、渔业、农产品初加工机械化水平分别达到52%、50%、44%、50%。

4.1.2 戈壁设施农机装备短板

在戈壁设施农业中，受到地块、环境等诸多因素的影响，尽管戈壁设施农业在一些关键环节的机械化水平已经显著提升，但整体机械化程度仍不均衡。一些生产环节如采收、运输等仍依赖人工，机械化程度相对较低，导致生产效率和经济效益受限。

在甘肃省河西五市州的戈壁设施农业中，耕种收机械化水平分别达到90%、60%和25%，机械化植保水平可达47%。在新疆，戈壁沙漠设施农业普遍采用了水肥一体化、温湿度自动化调控等多项技术，显著提高了灌溉施肥的效率和精准度，实现了精准化管理。各地积极引进和推广新型农业机械化装备，如移栽机、起垄机等，提高了农业机械化服务戈壁农业发展的能力。

（1）专用机械装备不足

戈壁设施农业的温室环境与传统农田差异大，缺乏适应非耕地（如沙地、砾石）的小型化、轻简化专用机械。例如，适用于戈壁温室的自动化移栽机、采收机、耕地整地设备等仍较为稀缺。针对特色作物的机械缺失，如番茄、辣椒等茄果类蔬菜的智能分拣装备，以及适应高密度种植的立体栽培机械尚未普及。

无土栽培装备的设计也不够完善，缺乏高度集成化。营养液循环系统、种植槽与支架等部件之间兼容性欠佳，不仅导致安装和维护成本高昂，也影响了系统整体的稳定性和运行效率。

在水资源利用上，新疆地下微咸水矿化度较高，现有的脱盐装备在处理效率、成本和稳定性方面存在诸多问题。例如，传统的反渗透脱盐设备能耗高、维护复杂，且对原水水质有一定要求，难以直接适用戈壁地区。同时，若直接利用微咸水灌溉，易造成土壤盐分积累和板结等问题。目前也缺乏专门针对微咸水灌溉设计的灌溉设备，如能有效控制灌溉量和灌溉频率，同时具备防堵塞和自动清洗功能的微咸水灌溉喷头和滴灌带。

此外，在烘干、仓储、加工等产后环节的机械化率方面，仍然存在不足，部分存在"无机可用"的情况。

（2）智能化和自动化装备覆盖率低

现有的温室环境数据采集与智能调控系统，如通风设备、遮阳系统、保温设备等，各组件之间未能有效协同运作，无法实现对环境参数的精准把控，存在较大误差范围，无法快速响应环境变化。同时容易受到外界因素干扰，导致运行过程中出现故障。

在灌溉施肥装备领域，目前大多数装备功能较为单一，仅能按照预设的时间和量进行灌溉，无法根据作物不同生长期、土壤墒情实时变化以及气候条件动态调整灌溉和施肥量。缺乏智能传感、数据分析和自动决策功能的灌溉施肥装备，难以满足戈壁设施农业节水节肥的精细化管理要求。

无人化智能作业装备，如无人驾驶拖拉机、智能巡检机器人以及智能化采摘机器人，存在自动驾驶水平不高、工作效率低下、识别准确度不足、成本较高、易坏果等问题，严重阻碍了其推广应用。

另外，新疆部分地区基础条件设施薄弱，难以支撑设施农业产业智能化发展需求。此外，在高端农机领域，尤其是在核心技术及关键零部件方面，比如高档传感器、多光谱成像系统以及智能化装备，大多依赖整机进口或者核心部件进口。

（3）节能与资源高效利用装备缺乏

戈壁地区光热资源丰富，但光热资源利用效率低，主动蓄热型温室结构、光热协同调控设备等技术应用不足，导致能源浪费。在节水灌溉领域，现有的精准滴灌、水肥一体化系统等设备，虽然在一定程度上满足了农业灌溉需求，但智能化程度和耐用性需进一步提升，缺乏根据作物生长期等指标进行灌溉和施肥的精准智能设备。此外，缺乏有效的废弃物资源化利用设备，如将作物残体转化为有机肥料、将废弃基质再利用的设备。

（4）特殊场景专用设备研发滞后

戈壁地区浮尘严重，但目前温室除尘设备研发滞后，现有技术无法有效解决沙尘覆盖导致的透光率下降问题。针对温室内及作物叶片的除尘仪器尚

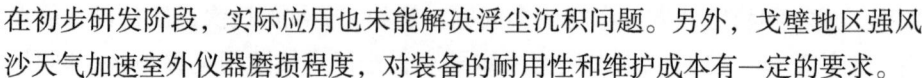

在初步研发阶段,实际应用也未能解决浮尘沉积问题。另外,戈壁地区强风沙天气加速室外仪器磨损程度,对装备的耐用性和维护成本有一定的要求。

4.1.3 戈壁设施农机核心技术

(1)农机与农艺融合技术

农机与农艺标准不统一,例如种植模式与机械作业参数不匹配,导致机械作业效率低、损伤作物。部分品种本身的特性、农艺制度以及产后加工环节,与机械化生产之间存在明显的不协调状况。一些品种和设施结构不适用于机械化操作,农艺制度未能充分考虑机械作业需求,产后加工流程也难以与机械化流程顺畅衔接,同时集成配套的机械化生产体系和系统解决方案不多,难以满足实际生产需求。

(2)智能控制与感知技术

在戈壁设施农业中,环境数据采集存在实时性与精准度不足的问题。采集设备响应慢,无法及时捕捉温室内光、温、水、肥等参数变化,数据滞后,难以支撑即时决策。缺乏多参数协同调控算法,难以实现全局优化调控,阻碍作物生长环境的精细化营造。作业感知技术(如作物生长状态监测、病虫害预警)依赖通用模型,本地化适配性差。

(3)绿色生产与循环利用技术

设施农机主要依赖汽油、柴油,易污染环境,而且在新疆等地获取燃料困难。在废弃物处理方面,废弃基质与农业废弃物资源化利用技术不足,不仅造成资源浪费,还可能引发环境污染问题。节能降耗技术如光伏农业一体化、余热回收,在戈壁设施农业中应用尚在试验阶段,集成不成熟。节水技术,如滴灌、喷灌技术,虽已取得一定成果,但针对不同作物和生长阶段的研究还需深入。此外,戈壁地区地下蕴含丰富的微咸水,但目前对其灌溉开发利用程度较低,未能充分挖掘这一潜在水资源。

4.1.4 戈壁设施生产全过程装备流程

目前设施蔬菜种植面积、产量、产值的占比分别达到了23.4%、33.6%、63.1%,同时这一数据还在持续增长之中。目前设施蔬菜生产机械化水平低,耕种管收综合机械化水平约为25%,劳动强度大。人工成本约占蔬菜生产总成本的64%,生产成本越来越高。迫切地需要从耕、种、管、收以及产后加工各个环节实现机械装备的介入和管理(图4-1)。

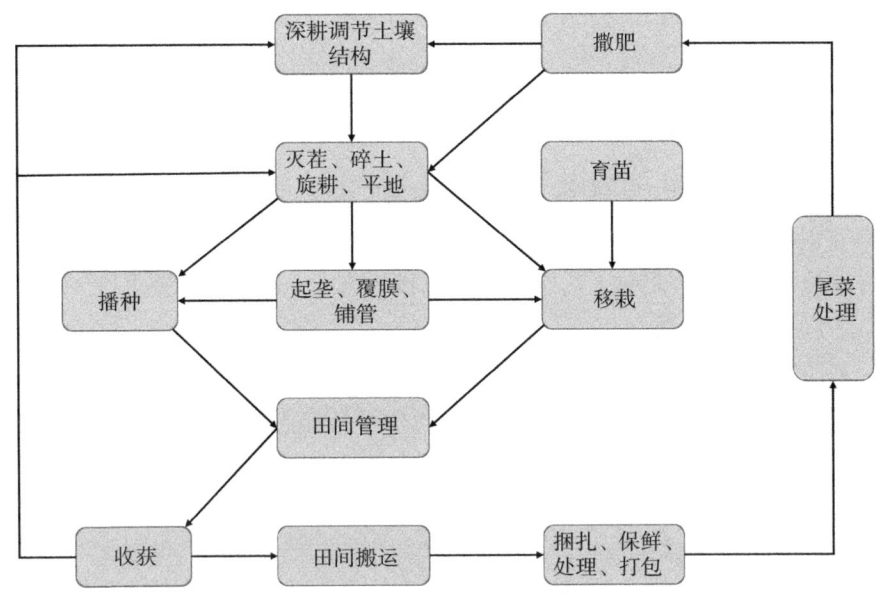

图 4-1 设施生产全过程流程

现阶段，耕整地作业环节可以实现机械化占比 62.23%，其中包含深耕、深翻、灭茬、碎土、旋耕、平地、起垄、覆膜、铺设滴灌等设施设备。种植作业实现机械化的占比为 20.28%，包含育苗、播种、催芽、消毒、灌溉、嫁接、移栽等。管理环节实现机械化的占比为 56.75%，包含水肥药等施用，撒肥机、喷药机、杀捕虫灯、除湿机、生物促生机、烟雾机、弥雾机、授粉机等。收获环节实现机械化的占比为 20.28%，包含叶菜有序收获、无序收获、果菜采摘机器人等。此外，生产全过程的机械化还涵盖产业加工机械，主要负责产品的保护、运输、物流、田间预冷、保鲜、捆扎、打包及预处理等工作。

4.2 戈壁设施生产产前装备

4.2.1 种子消毒处理装备

微纳米臭氧气泡杀菌设备可产生直径在数十微米到数百纳米之间的臭氧气泡，提高臭氧在水中的含量。微纳米气泡具有表面能高、悬浮稳定、渗透性强等特点，可以有效提高臭氧利用率。试验证明，经过微纳米臭氧气泡水浸泡杀菌后，再经过高温干燥杀菌，可以实现对细菌性果腐病的 100% 消杀。

利用微纳米臭氧气泡水浸种杀菌后，不仅能够提高杀菌率，还能提高种子的发芽率。

4.2.2 蔬菜精量播种流水线

从基质装盘、压穴、播种、覆土到喷淋，全机采用光电一体控制、无损检测等创新技术，实现了蔬菜播种育苗的自动化流水生产。其中可根据需要配备前端的基质处理机械，后端可配备运转物流车、码垛机械臂等。

（1）基质解压机

基质解压机主要应用于蔬菜、花卉、烟草等作物的育苗生产过程中。在这些作物的育苗过程中，通常需要使用压缩基质作为育苗介质，压缩基质在使用前需要解压成散状，以保持其纤维结构、通气性与保水性，便于播种和管理。

基质解压机能够快速、高效地将压缩基质解压成散状，提高工作效率。例如，2YB-JY150基质解压机每小时最快可解压6 000 L基质。在解压过程中，采用刀片式螺旋打散装置，能够保持基质的原有成分和结构，不破坏其纤维结构，确保基质的通气性与保水性，有利于植物生长。翻转式电机提升设计，可轻松完成基质进料，一些基质解压机配备了轮式机架，方便设备移动。

（2）基质搅拌机

基质搅拌机是育苗生产过程中用于搅拌育苗基质的机械，主要由动力控制系统、螺旋搅拌装置、液体添加装置、主机体、气缸安装架、出料门、气动装置、输送机构等部分组成。

其工作原理是，通过电机驱动搅拌棒或其他搅拌装置进行旋转，旋转的搅拌棒通过剪切、折叠和拉伸等动作，使原料在容器内产生流动和混合，从而加速混合过程，实现均匀混合。螺旋搅拌装置设计成内外、左右互为反向的螺旋，工作时内螺旋环带带动靠近轴心处的物料作径向旋转，同时轴向由中间向两侧推动；外螺旋环带带动靠近仓壁处的物料作径向旋转，同时轴向由两侧向中间推动，物料在混合料仓内对流循环及剪切渗混，达到快速混合的目的。

（3）自动播种机械

播种设备：分为半自动和全自动两类。半自动播种机适合年育苗量300万～500万株的苗厂，可完成打孔和播种；全自动播种机集装盘、播种、覆盖、浇水于一体，适用于大规模育苗。实现基质装盘、压孔、播种、覆盖、镇压和喷水等机械化作业，提高播种效率和精准度。生产速度≥1 000盘/h。

目前市场上常见的为气吸式播种机，排种器有针式、滚筒式等，能在各种穴盘、平盘或栽培钵中播种，可进行每穴单粒、双粒或多粒形式的播种。气吸播种机工作时需要另配一台小型空气压缩机作为工作动力。

2BPC-1000型全自动蔬菜育苗播种流水线（图4-2），外形尺寸：10 300 mm×2 400 mm×1 800 mm；播种精度：≥98%；空穴率：≤1%；整机重量：1 600 kg；排种器形式：自动气吸滚筒式；气源压力：0.4～0.8 MPa；配套动力类型：电动机动力驱动；操作面板控制箱可根据需要进行操作角度的调节；节省劳动力，播种速度最快可达到1 000盘/h，操作人员数量减少40人/套；且滚筒自带自清洁功能，播种自清洁不停机，自动清孔；凸型吸嘴设计，种子无需丸粒化，解决异性种子吸附难题。

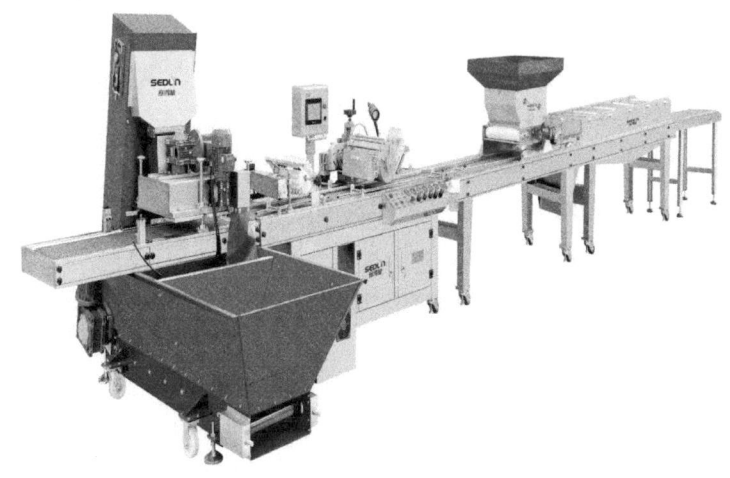

图4-2　全自动蔬菜育苗播种流水线

全自动蔬菜育苗播种流水线应用范围广，适宜各类球形、非球形0.1～5.0 mm蔬菜、花卉种子，番茄播种准确率≥93%（脱毛），辣椒播种准确率≥97%，甜瓜播种准确率≥95%；圆形或丸粒化播种准确率≥99%，南瓜、砧木播种准确率≥92%。

4.2.3　催芽设备

催芽箱、室是用于种子催芽的设施，能够通过智能控制系统调控温度、湿度、光照等条件，为种子提供适宜的发芽环境，促进种子吸胀、透气、增加酶的活性，加速种子发芽，保证出芽整齐一致，提高发芽率和发芽势。不仅适用于蔬菜、菌类、水果、作物等种子的催芽，还可用于种子育苗、恒温育种以及种子发芽率检测等。

（1）中央控制系统

用于监控和调节催芽室内的环境参数，确保种子发芽所需的最佳条件。

（2）围护结构

采用密封性、保温隔热性能良好的材料建造，以维持室内环境的稳定。

（3）温湿度系统

包括加湿系统和加温系统，用于调节室内湿度和温度，满足种子发芽的需求。催芽室应能够精确控制室内温度和湿度，以满足不同种子发芽的需求。一般来说，白天温度应保持在 25～30℃，夜间温度应保持在 20～25℃，相对湿度应保持在 75%～95%。

（4）智能新风换气系统

保证室内空气流通，避免二氧化碳浓度过高和氧气浓度过低，为种子发芽提供充足的氧气。同时催芽室内的气流应均匀分布，以确保种子发芽的一致性，气流均匀度一般应达到 95% 以上。

（5）光照系统

根据实验需要提供适宜的光照条件，满足种子发芽对光照的需求。

（6）制冷系统

在需要时降低室内温度，防止种子因温度过高而受损。

4.2.4 嫁接机械

国内果蔬工厂化育苗发展迅速，国内育苗企业逐年递增且更加智能化、规模化，每年要消耗 7 000 亿株以上的果蔬，数据每年以 5% 以上的速度增长；其中 3 000 亿株苗需要嫁接，随着土地的退化、病虫害的加剧、对品质要求不断提高，嫁接需求逐年增长，因而人工嫁接资源越来越短缺、人工成本越来越高，嫁接机在解决用工短缺、提高种苗生产质量和效率、保障嫁接生产的时效性等方面具有巨大的市场需求潜力。

合肥佳富特机器人科技有限责任公司研发的全自动茄果类嫁接机器人（图 4-3），基于机器视觉系统进行切割高度和切割点识别，采用同步处理机构、机械高精度定位、软件标定、视觉位置调整和 ARM+FPGA 系统控制的集成应用。搭载运算数据库中存储种苗的切割数据，规划最优的切割角度和包扎高度，实现种苗与砧木上、中、下二维切割点高精度拟合，从而保障砧木、接穗切面贴合对齐度误差 ±0.2 mm；采用"同步处理机构"控制上料、切割、贴接、包扎四个嫁接工序，嫁接苗满足表 4-1 的标准，可实现作业效率达到 1 200 株 /h，故障率 ≤ 0.001 次 /h，实现了自动上苗、贴接、包扎、码盘等过程的全自动化。在安徽、山东、江苏、内蒙古、广西、上海、新疆、四川等十多个省（区、市）进行蔬菜工厂化育苗基地示范推广，蔬菜种苗工厂应用后，嫁接成功率 ≥ 98%，精度 ±0.2 mm；成活率 ≥ 96%；壮苗率 ≥ 95%。

图 4-3　全自动茄果类嫁接机器人

表 4-1　嫁接苗标准　　　　　　　　　　　　　　　　　　单位：mm

类别	瓜类	茄果类
砧木径粗	2.5～5.0	2.5～5.0
穗苗径粗	1.5～3.0	2.5～4.5
砧木径高	50～90	50～100
穗苗径高	40～70	50～100

4.3 戈壁设施生产产中装备

4.3.1 耕、种装备

戈壁设施生产中耕作机具应用较为广泛，包括旋耕机、田园管理机、起垄机以及起垄覆膜一体机等，可进行深耕、整地、除草，以及配备相应的机具可完成松土、开沟、施肥、播种、培土、耙地、起垄、覆膜等作业。

（1）基质槽开沟机

温室基质槽开沟机针对温室大棚内作业空间狭窄、操作灵活等需求，适合戈壁设施农业中的基质栽培。温室内的土壤条件可能因种植作物和地域差异而有所不同，开沟机需要能够适应不同的土壤条件，保证沟槽的宽度、深度和直线度，以满足基质栽培的要求。小型手扶式开沟机以微耕机为动力，配套开沟刀具进行开沟作业，配有专用开沟刀和减速行走轮，开沟作业抛土量大，开沟宽度和深度均能达到要求。内嵌式基质开沟覆膜一体机将开沟和覆膜功能集成在一起，参数：整机重量70 kg，工作幅宽28 cm，旋耕深度≤15 cm，前进速度为2～5 km/h，动力为220 V双容电动机。

（2）多功能田园管理机

田园管理机是一种多功能的小型田园耕作机械，可配套多种机具进行近四十项农田作业，如旋耕、开沟、起垄、培土、喷药等。操作灵活，适合在温室、果园、菜地等地作业，尤其适用于小块土地和大棚作业。油耗低，相对功率大，工作效率高，能够降低劳动强度，提高生产效率。例如，3TG-4.0Q田园管理机，操作方便灵活，重量轻，设计独特，独轮行走，可进行旋耕、中耕除草、打垅、扩沟、播种、培土等多种作业。

（3）耕整覆膜起垄一体机

耕整覆膜起垄一体机可同步完成起垄、覆膜、施肥、铺滴灌带等多道工序，减少人工操作步骤，显著提升作业效率。起垄刀片从两边螺旋排布，刀片旋转时将泥土推向中间形成垄畦，前置旋耕施肥和后置开沟条施两种方式，施肥量大小可调，施肥效率高，旋耕起垄与施肥搭配，既保证了施肥均匀，又可以实现肥料集中于垄里面，避免浪费，给农作物提供了一个立体、疏松、肥沃的生长环境。

YT10-C120机器尺寸（长×宽×高）为2 490 mm×1 610 mm×900 mm，机头重量为131 kg（含配重25 kg），发动机型号为GT1000，功率为5.5 kW，作业垄面宽度为70～120 cm（可调），起垄高度为10～20 cm。

（4）蔬菜移栽机

移栽机是一种用于农业种植中将蔬菜幼苗从苗圃、苗盘移栽到田地的机器，主要由喂入器、导苗管、扶苗器、开沟器和覆土镇压轮等工作部件组成。不同机型可能还有撑苗装置、覆土压轮等操作部件。主要由框架或底盘、种植单元和传送系统组成。部分机型采用旋转杯式喂入器，喂入器由数个喂入杯组成，每个喂入杯下面有活门，活门的开闭由凸轮机构控制，在喂入杯转到导苗管的上方时打开，让秧苗下落，然后关闭。导苗管的作用是将秧苗输送到沟底，由于秧苗在导苗管内的运动是非强制性的，与钳夹式移栽机的强制性送苗方式不同，因而不容易产生伤苗现象。

移栽机的主要检验指标为：漏栽率、栽植深度合格率、栽植合格率，全自动机型作业效率明显高于半自动机型。例如，亚美柯2ZS-2型采用挠性圆盘式的连续栽植方式，且机型小巧、转弯掉头方便。

（5）电动叶菜自动播种机

电动叶菜播种机是一种采用电力驱动、适用于叶菜类蔬菜播种的农业机械，具有环保、高效、精准等特点，单人即可完成播种作业，减轻了人力负担。同时可以对株距、行距、播种深度、播种量进行调节，从而适应于不同的种植需求。

如2BS-10型精量电动蔬菜播种机，采用手扶自走式结构，配套锂电池作为动力源，电机功率250 W，整机外形尺寸为980 mm×1 300 mm×680 mm，作业速度0.5～2 m/s，生产率0.2～0.8 hm²/h，播幅有1 000 mm与1 100 mm两种配置，工作行数为10行（可调），排种器型式为窝眼式，种箱容积2 L，播种部分传动方式为链条传动，覆土镇压器型式为后轮滚动镇压，重量86 kg。

4.3.2 管理调控装备

4.3.2.1 智能水肥一体机

温室智能水肥一体机是集水肥管理、智能监控和自动化控制于一体的现代农业设备。通过先进的传感器技术实时监测土壤湿度、温度、pH值、电导率等环境参数，结合作物需求，自动调节水肥配比，实现精准灌溉与施肥。水肥一体机先对灌溉用水进行层层过滤，如沉沙式过滤、反冲洗过滤等，再与肥料进行合理配比，最终通过管道系统将混合液输送到田间作物根部，通过小滴箭精准到达作物。

智能水肥一体机通过高精度传感器实时监测土壤水分状况，实现按需灌溉，避免水资源浪费；根据作物生长周期和养分需求，自动调整施肥量和施肥种类，提高肥料利用率，减少环境污染。精准的水肥管理有助于作物更好地吸收养分，促进作物健康生长，提高产量；合理的灌溉施肥比例使作物生长更加均衡，提升农产品的口感和营养价值。市场上智能水肥灌溉系统种类繁多，硬件设计区别不大，重点在于高效、精准、合理的施肥灌溉软件控制策略。

4.3.2.2 打药设备

设施中高温、高湿病虫害多发，应根据温室种植的作物种类、种植面积和病虫害防治要求，选择合适类型和规格的打药机。例如，大面积温室可选择全自动或大型智能打药机，小面积温室可选择便携式打药机。选择雾化效果好的设备能使药液均匀地附着在作物表面，提高防治效果。可了解打药机的喷头类型、雾化粒径等参数。压力和流量的大小会影响药液的喷射距离和覆盖范围，根据温室的大小和作物的种植密度选择合适的压力和流量。

常见的打药设备有自走式喷药机、轨道式智能喷药机、日光温室烟雾弥雾机等。

（1）自走式喷药机

操作人员通过远程遥控器（上位机）的方向摇柄发出控制信号，由通信与控制系统的接收器将信号传送至下位机，电机驱动模块驱动无刷电机经过减速传动箱，最后作用于转轴，从而实现远程控制机具自由行走功能。由通信与控制系统将控制信号传递给管路电磁阀，最终实现远程控制喷雾功能的开闭。

例如，自走式动力喷雾机 YTDP54-100（图4-4），尺寸为 1 120 mm×700 mm×950 mm，发动机型号为三菱 GB131，吸水量为 21.4 L/min，最高压力为 4.0 MPa，标定功率为 3.0 kW，软管长度为 8.5 mm×100 m。选配 1 支喷枪；100m 软管可自动回收（可再延接）；配合各种喷枪，达到不同效果。可在温室、菜园、果园等多种场合使用。

图4-4　自走式动力喷雾机

（2）轨道式智能喷药机

利用设施棚室架构和环境特点，采用空中轨道自走，高压射流超细雾化高浓度药液的喷洒方式，实现了喷药智能控制。通过风送式气流辅助，使雾化药液均匀包裹并附着于作物表面及空间病虫害宿主，实现了无死角低药量的植保要求。

例如，淄博奥业机电的日光温室吊轨自走式智能喷施机，行走装置采用齿轮结构进行动力传输，该结构承载能力强，动力传输稳定，换向响应时间短，同时可实现连续无级调速，最大行走速度可达 3 m/min；射流雾化旋转喷洒装置，利用射流雾化原理，通过高速气流，将药液粉碎雾化至离子态，同时 2 个射流喷嘴不间断地进行 180° 往复旋转，该雾化方式解决了压力雾化喷头单一，孔径大小对喷洒雾化水粒的影响、药剂浪费、喷头易堵塞的问题，同时扩大药液喷洒范围，提高药液覆盖率；控制器集成有无线、4G 网络通信，温湿度监测、液位、摄像等智能化控制模块，能实时监测作业环境、设备运行状态。

（3）日光温室烟雾弥雾机

日光温室烟雾弥雾机工作时脉冲式发动机产生的高压气流从喷管出口处高速喷出，打开药阀后，药品箱里的气压将药品液压至爆发管内，与高压高速气流混合，在相遇的瞬间，药液被粉碎雾化成烟雾状，从喷管中喷出，并迅速扩散弥漫，被防治的对象接触到弥雾或烟雾，从而起到杀虫或灭菌的作用。

日光温室烟雾弥雾机喷烟雾、喷水雾均可，水雾弥漫射程 5 m、烟雾弥漫喷射可达 20 m 以上；功率大，喷射距离远、作用面积大，一亩果园 15 min 左右喷药完成；打药无死角，药效持久，耐雨水冲刷。药物粒子更小：能够产生 0.3～10 μm 药物粒子，长时间（2～10 h）在空中飘浮；工作环境：温度在 −15～45℃，空气湿度：30%～90%；喷雾量：每小时 150～200 L 水；耗油量：每小时平均 1.6 L，双挡位可调功率大小；双化油器设计；药箱容量：15L。

烟雾弥雾机适用于温室大棚蔬菜，如黄瓜、番茄、辣椒、白菜、茄子、豆角、青菜等喷药，同时可应用于果园各类果树、大田农作、苗圃、绿化园林、养殖场防疫、各类场所防疫、草原、牧场灭蝗喷药等。

4.3.2.3 其他设备

（1）日光温室除湿机

将棚内空气湿度精准控制在各种农作物生长发育所要求的范围之内，满足不同农作物在不同生长发育阶段对空气湿度的要求，如黄瓜要求空气相对湿度在85%～90%，茄果类、豆类要求空气相对湿度在55%～65%。降低湿度可减少灰霉菌病等与湿度相关的一系列病害的发生，荷兰Delft大学研究室对荷兰番茄温室进行研究发现，使用相关除湿系统可减少大约75%的空气传播孢子。大棚除湿可以增加光照，提高棚内作物的光合作用，使作物的蒸腾作用加强，从而激发植物生长内动力，提升植物吸收养分和水分的速度，刺激植物生长，加快开花结果。

日光温室除湿机是用于降低温室大棚内空气湿度、创造适宜生长环境的设备。日光温室除湿机利用制冷或吸附原理，将空气中的水分凝结或吸附，从而降低空气湿度。例如，一些除湿机采用半导体冷凝技术，将半导体制冷技术及负离子生长技术相结合，把大棚内潮湿的水分和悬浮微粒快速排除，达到除湿除雾的目的。

例如MX-C0890P除湿机，针对日光温室专业设计，内部固化了日光温室除湿的参数，简化了用户操作，用户只需要按一个启动按键，设备就会自动除湿，无须设置参数。工作环境温度8℃时，湿度90%，除湿量为20 L/24h；工作环境温度10℃时，湿度90%，除湿量为30 L/24h；工作环境温度15℃时，湿度90%，除湿量为40 L/24h；工作环境温度30℃时，湿度90%，除湿量为60 L/24h。

（2）运输物流车

温室运输物流车是用于温室大棚内物料运输的专用设备，可以大大提高劳动效率，缩短运输时间，减轻工人的劳动强度，减少人力成本。在日光温室中，物料的运输包括生产准备阶段土壤底肥（主要指有机肥）的运进，定植期种苗的运进，日常管理中的肥料、农药和生产工具等的运进，以及生产过程中的烂果、烂叶、病枝等生产中间产物和果实等生产产品的运出，拉秧阶段的植株叶、茎、根、秧及废果的运出等。温室运输物流车可以高效地完成这些物资的运输任务。在蔬菜、水果等作物的采摘过程中，温室运输物流车可以将采摘下来的作物及时运出温室，避免作物在温室内堆积，影响采摘效率和质量。

悬挂式轨道运输车：通过安装在轨道上的小车悬挂吊篮运送货物，一个人即可轻易推动，速度快、省力、易于操作。其结构简单，制作、安装方便，能根据不同需要任意调整安装位置，适合温室中产品运输使用。

自走式轨道运输车：部分自走式轨道运输车具有过载报警、控制行程、电子遥控等技术特点。把电子计量设备安放在自走式运输车上，当运输车上所安装的过载报警器发出超载信号时,就说明在运货时重量高出了设定的最大重量值。

双遥控轨道车:用角铁做轨道更加平稳,用电瓶做运输车电源,可以反复充电,更加省钱。具有一键遥控和电动两种功能,远程遥控距离 1~1 000 m。免维护,采用 500 W 低速增扭电机配高低变速箱,动力更强劲,电机无噪声。轨道车中轨道铺设中心矩为 40 cm,利用走道空间,充分利用有限资源,减少土地浪费。

轮式搬运车:不用单独铺设轨道,电力驱动,动力强劲,续航时间长,可长时间进行作物的搬运工作;机身窄,通过性好,可很好地进入作物的行间进行搬运。例如 YTBY-M500,整车尺寸(长×宽×高):1 330 mm×630 mm×1 100 mm;车板尺寸:1.2 m×0.6 m;电机功率:1 000W;电机转速:1 800 r/min;齿轮箱速比 1∶28;车身自重:150 kg;最大载重:500 kg;轴距:815 mm;最小离地间隙:12.5cm;最小转弯半径:2 m;前进一挡速度 2.5 km/h,前进二挡速度 3 km/h,前进三挡速度 4 km/h,后退挡速度 1.4 km/h;续航时间:8~10 h。

(3)巡检机器人

温室巡检机器人是应用于温室大棚,用于环境监测和作物生长状态巡检的智能设备,通过集成传感器、视觉系统与导航技术,实现全天候无人化作业,为精准农业管理提供数据支持。

温室巡检机器人利用视觉导航系统、环境信息采集系统、作物图像采集系统对温室内的环境信息(如温湿度、作物长势、病虫害等)进行实时监测,通过搭载的可升降 360°摄像头采集温室中作物图像,再通过图像分析识别作物生长状况进行智能巡检,完成温室环境信息和植株生长信息的动态监测。应具备以下功能:

①环境感知与监测:搭载温度、湿度、CO_2 浓度传感器,实时采集温室环境数据,精度可达 ±0.5℃(温度)、±3%RH(相对湿度)。支持多光谱、近红外成像技术,覆盖可见光与近红外波段,精准识别作物生长状态。

②作物状态监测:通过机器视觉算法,分析株高、叶宽、叶色等形态指标,监测病虫害迹象。基于 AI 深度学习,开发果实成熟度检测与计数算法,评估果实品质及产量。

③自主导航与避障:采用视觉传感器与复合行走系统,适应平整路面与轨道式场景,最小转弯半径为 0,爬坡能力 ≤ 10°。配备超声波避障与防撞条,支持 ROS 操作系统二次开发,实现路径规划与环境建图。

④多功能扩展：支持紫外消毒、语音交互、远程监控等模块化配置，满足不同温室管理需求。

（4）CO_2 气肥增施机

CO_2 是蔬菜进行光合作用的重要原料之一，直接影响蔬菜的生长发育。大气中 CO_2 浓度比较稳定，为 0.03%～0.05%。因此，在露地栽培蔬菜一般不会发生 CO_2 的缺乏。但在相对封闭的温室大棚生产条件下，因蔬菜光合作用常造成 CO_2 缺乏，致使蔬菜的正常生长受到影响，增施 CO_2 气肥已成为保护地蔬菜高产、优质的重要措施之一。

通过实践证明：棚室作物使用 CO_2 施肥器可促进植物生长，减少病虫害，提高产品品质，大幅度增加产量，普遍可增产 25%～30%，个别品种可达到增产 40%，经济效益显著。是实现现代绿色农业高产增收必不可少的手段。

CO_2 浓度约为 360 μL/L，日出后 1 h，CO_2 浓度下降至 300 μL/L。之后持续下降，当降到作物的 CO_2 补偿点 80～150 μL/L，这时由于 CO_2 浓度过低，叶片的光合作用基本停止。如果条件不允许通风，这段时间必须用人工增施 CO_2 来补偿气体的不足，合理采用 CO_2 气肥是作物增产、温度增高的有效措施。

例如，CO_2 施肥机功率为 900 W；产气量 1.1 kg/h；适用面积为 300～800 m^2。原料方便购买，使用成本低，利用碳酸氢铵受热分解，原料产气比为 1∶0.55，转换效率高，使用成本低，各地用户都方便使用；智能操作，安全可控，通电产气，自动保护，反应完成自动停止、报警；产气均匀，可满足于 1 000 m^2 下各类温室、大棚 CO_2 补充；系统可扩展，连接于智能温室控制系统。

（5）温室电除雾防病促生机

温室电除雾防病促生机（又称"空间电场防病促生机"）是基于空间电场技术研制的农用高电压微小电流的产品。主要用于对植物生长速度的调控以及植物病害的预防，是生产无毒蔬菜、有机蔬菜必须配备的物理植保设备，也是环境安全型温室的物理植保核心技术装备。

自然界存在的大气电场，即带负电荷的地球与带正电荷的电离层之间形成的空间电场是继植物生长光、水、肥和 CO_2 四要素之后又被发现的一个新要素。目前，空间电场系列装备在温室整体空间内雾气的消除与抑制，湿度的降低与控制，植物气传病害的预防，阴天下雨导致的弱光、低温和 CO_2 短缺引起的植物生理障碍的预防，生长速度的促进，增产的示范试验方面取得了很好的效果。

以挂在温室棚顶绝缘子下的电极线为正极，地面、温室框架等接地端为负极，当电极线带有高电压时，空间电场就在正负极之间的空间中产生了。利用这个空间电场能够有效地促进植物对钙离子和 CO_2 的运输和吸收，增强光合作用，预防缺素症（如裂果），提高根系含氧量，促进根系和植株生长，消除温室内的水汽，降低湿度，净化和杀灭空气微生物等，有效降低温室封闭环境的闷湿感，建立空气清新的生长环境。在空间电场环境中，电极线放电产生的原子氧、少量臭氧和高能带电粒子用于预防植物气传病害，放电产生的氮氧化物最终以氮肥的形式供给植物。

温室电除雾防病促生机主要由主机、绝缘子、电极线和时间控制器（定时器）组成。主机几何尺寸：280 mm×190 mm×130 mm；外观颜色：白色；输入电压 AC：220±15 V；输出功率：<100 W；单线输出电压：+32～65 kV；输出电流：<1 mA；最大控制面积：1 336 m²；最佳控制面积：800 m² 以下。阻燃塑料绝缘子规格：长 255 mm×裙叶直径 100 mm；外观颜色：黄色或红色；极线直径：0.7 mm，长 100 m；时间控制器：选择恒定工作或根据实际需求调整定时工作。

（6）授粉机器人

在自然授粉者数量不足的地区，授粉机器人可以保障作物产量，尤其是在封闭环境中，机器人可以更精准地控制授粉过程，减少外界干扰。授粉机器人是现代农业技术的重要发展方向，具有提高授粉效率、降低成本、保障作物产量等显著优势。目前，授粉机器人技术仍处于发展阶段，但已取得显著进展。国家农业信息化工程技术研究中心研发的"温室小蜜蜂"智能授粉机器人，已在蔬菜温室中实现商业化应用。美国西弗吉尼亚大学开发的六臂授粉机器人 Stickbug，专为温室环境设计，授粉效率显著提高。日本研究人员利用无人机和特制肥皂泡进行梨园授粉，探索非接触式授粉技术。

授粉机器人主要通过以下几种方式实现授粉。

机械振动授粉：模拟蜜蜂等昆虫的振翅行为，通过机械振动使花朵释放花粉。例如，一些机器人通过高频振动装置接触花朵，促进花粉传播。适用于雌雄同花作物（如番茄、蓝莓等），操作简单，成本较低。但对花朵的物理接触可能造成一定损伤，且对花朵的定位精度要求较高。

气流授粉：利用高压气流将花粉吹向花朵，实现非接触式授粉。例如，通过气泵产生气流，将花粉均匀喷洒到目标区域。减少对花朵的物理损伤，适用于对振动敏感的作物。花粉的扩散范围和浓度控制难度较大，可能影响授粉效率。

机械臂精准授粉：结合计算机视觉和机械臂技术，精准识别花朵位置，并通过机械臂将花粉直接涂抹到雌蕊上。授粉精度高，适用于复杂环境和高价值作物（如猕猴桃、草莓等）。但技术复杂度高，成本较高，对环境适应性要求较强。

无人机授粉：利用无人机搭载花粉或授粉装置，在农田上方飞行，通过气流或直接接触实现授粉。覆盖范围广，适用于大面积农田，效率高。该方式受天气和风速影响较大，授粉精度相对较低。

4.3.3 采收装备

收获是设施蔬菜作业环节中费力最大、耗时最多的生产环节，随着劳动力成本不断攀升，蔬菜生产中"四个老人三百岁"的情况非常普遍，"用工难""用工贵"问题日益突出，甚至面临后继无人的困境。同时果蔬的收获质量的高低直接关系到果蔬品质和种植经济效益。

4.3.3.1 叶菜收获机

由于叶菜种植密度高，生长周期短，采收次数多，根据收获方式分类可分为土上收获机（离地切茎收获机，无需保留根茎）和土下收获机（入土切根收获机，保留1～3 cm根茎的叶菜）。根据作业模式分类可分为有序收获机和无序收获机。有序收获是通过机械手臂、传送带和装箱装置实现精准收割与排列。无序收获是通过传送带和推挤作用力快速输送叶菜，结构简单、效率高，适合对排列无要求的场景。

例如省力科技4UM-120叶菜收获机（图4-5），主要针对土下叶菜贴地收获，独特的半圆弧向上轨迹的抖土机构确保叶菜在收获的时候能对根茎的叶菜进行抖土的同时向上输送，设有仿形探测器，在作业时可以根据地面起伏调整割台对地面的高度。产品垄面行走，对于整地要求低，机械更平稳，切割效果更好，性价比高，产品工作效率每小时1亩，价格比乘坐式低，很多为手扶式结构，能耗低于乘坐式，锂电池可以使用6～8 h。

4.3.3.2 果蔬采摘机器人

人工智能、机器视觉、传感器技术、自动控制技术等关键技术的发展，为温室采收机械的性能提升提供

图4-5 叶菜收获机

了技术支撑。例如，通过机器视觉技术，机械可以精准识别果实的位置和成熟度，提高采收的准确性和效率。行业内不断推出新型温室采收机械，如机械臂式采摘机器人、无人机采摘机器人等。这些产品具有操作空间大、损伤低、精度高和能持续作业等特点，能够更好地适应温室复杂的环境。机器人还将与物联网、大数据等技术深度融合，构建智慧农业生态系统，为农业生产提供更全面的解决方案。

（1）草莓自动采摘机

机器人配备高清摄像头和先进的机器视觉算法，可快速识别草莓的颜色、形状、成熟度等特征，实现对果实的精准定位。当判断草莓成熟度已达到97%，并对其进行圈定，表明可以采摘。通过深度学习算法，提高了在复杂环境下对果实的识别准确率。机械手臂设计精巧，能轻柔而精准地握住草莓，将其从茎上分离并放置到传送带上，避免了对果实的损伤，提高了采摘效率和准确度。

（2）黄瓜采摘机器人

针对黄瓜物理特性差异大、果皮脆嫩易损伤、果实叶片相互遮挡等问题，利用黄瓜的光谱反射特性，通过多光谱相机和智能图像处理技术，在绿色环境中精准识别黄瓜，区分黄瓜与叶子、藤蔓，采用近红外光谱成像技术，解决果实与茎叶信息分离问题，提高在复杂环境下的识别准确率。采用具有自适应性的柔性机械手，能够轻柔地抓住黄瓜，避免对果实造成损伤。末端执行器配备果梗探测器，精准定位果梗位置，使用切割器切断果梗，实现无损采摘。借助同时定位与建图（SLAM）技术在温室环境中自主导航，规划最优采摘路径。

（3）番茄采摘机器人

利用人工智能成熟度检测技术，结合多光谱相机或RGB-D相机，通过图像分割和深度学习算法，识别成熟番茄与背景的差异，实现精准定位。引入三维点云聚类技术，通过深度相机获取果实和桁架的三维位置信息，解决二维空间中果实归属误判的问题。采用四自由度串联关节型结构或SCARA机械臂，具有良好的运动特性和较大的工作空间，适应复杂环境。末端执行器设计有钉状导向槽和精细锯片，确保只切割花序梗，避免损伤藤蔓，提高操作安全性。例如，在2025年Fruit Logistica展会上首次亮相的TTA-ISO全自动番茄采摘机器人，专为番茄种植设计，集成人工智能成熟度检测和智能3D引导导航系统，显著减少对人工采摘的依赖，降低劳动力成本。

（4）葡萄采收机器人

通常配备履带式底盘或四轮移动平台，结合激光雷达、陀螺仪等传感器实现自主导航。通过单 RGBD 相机或 3D 摄像头组成的视觉系统，实现果实目标的连续识别锁定和果梗采摘点的精准定位。采用"一目双臂"并行独立采摘方案，机械臂以相机视场为活动空间，通过"空间对称分割法"分配采摘任务。末端执行器采用刚柔结合设计，既能保证操作精准性，又能避免损伤葡萄植株。例如，江苏大学团队研制的双臂葡萄高速采收机器人实现手—眼组合快速大容差定位方法，一目双臂高速并行作业，激光雷达—深度相机融合的"树行—果穗"双目标组合导航，采摘成功率92%，采收效率 700~800 穗/h，损伤率低于5%，采净率90%。

4.4 戈壁设施生产产后处理装备

设施产后处理机械在现代农业产业中扮演着关键角色，其重要性体现在多个方面，对提升生产效率、保障产品质量、推动农业可持续发展具有重要意义。美国等发达国家果蔬采后商品化处理率达80%以上，预切菜和净菜量占70%以上，已实现周年贮运销世界各地。现代果蔬采后保鲜处理和商品化处理技术、"冷链"技术、现代果蔬加工技术等已广泛应用，并建立了完善的产业技术管理体系，果蔬经产后商品化处理和深加工可增值2~3倍。而我国果蔬商品化处理量仅占总产量的10%，预切果蔬保鲜等商品化处理几乎是一个空白，果蔬产后贮运、保鲜等商品化处理与发达国家差距更大，尤其"冷链"技术薄弱。世界果蔬鲜食与加工比例为70∶30，而我国目前鲜食与加工比例仅为95∶5。果品与蔬菜的加工转化能力分别仅为6%和10%左右。

产后处理机械可实现清洗、分选、包装等环节的全自动化。例如，自动分袋打包机每小时可处理数千公斤产品，效率是人工的10倍以上，大幅缩短从采摘到上市的时间周期，显著降低人工成本。通过机械化分级包装，产品可按品质分级销售。优质果蔬进入高端商超，次级品用于加工，实现"一品多价"，提升整体收益。据测算，机械分级可使产品附加值提升20%~30%。

4.4.1 净菜加工装备

（1）叶菜类净菜加工装备

叶菜类蔬菜作为一种不易保存的产品，加工成净菜对保鲜处理、商品化处理技术、冷链技术等要求都比较严格。叶菜类净菜加工生产线主要包含气泡清洗机、多功能清洗机、旋流清洗机、脱水机等多台设备，叶菜通过高压喷淋清洗方式，在第一道清洗槽中使用鼓泡去杂去毛，同时用净水冲淋，使小虫等杂物浮起排除，从而使蔬菜更洁净，更清脆，并延长蔬菜的存储时间。再运转使用过滤水箱时应随时进行水循环处理，才能使混入蔬菜中的杂物得到彻底的清洁。将带有水的蔬菜震动脱水后再做装筐前的筛选，即可自动装筐、称重、包装入库。

（2）果菜类净菜加工装备

果菜净菜加工设备涵盖多个关键环节，主要包含提升机、挑选台、清洗设备、杀菌设备、切菜机、脱水机、风干机、包装机等。提升机用于将运输车运来的果蔬或仓库中的原材料运输到挑选台上，节省时间，减少劳动力。挑选台用于人工或机器挑选，将不好的蔬菜挑选出来或者进行大小的分拣。清洗设备可采用分段式处理，气泡清洗机利用翻滚水流去除表面污垢，可分阶段清洗，分别去除泥沙、杂物等，洗净度高，能保持原有色泽。涡流清洗机通过涡流原理使果蔬在清洗槽内形成旋转水流，通过冲击和摩擦去除表面污垢。对于需要切割的蔬菜，使用切菜机进行切片、切丁、切段处理。脱水机用于将清洗后的蔬菜进行脱水处理，以便更好地进行包装和保存。杀菌设备即臭氧杀菌机，通过氧化反应降解农药残留，杀菌率可达99.95%。漂烫（巴氏杀菌）机是专门为乳品、果汁、饮料、啤酒、食品、药品等灌装或包装后的产品设计的巴氏杀菌设备，使物料通过杀菌、保温、冷却达到延长保质期目的的理想设备，特别是自动化生产线的二次灭菌设备。风干机设计为多次翻转输送，并有逆反风装置防止出现吹干死角，风干机吹干效果良好，设备速度可调，输送平稳，效率高。包装机用于将处理好的蔬菜进行包装，以便储存、运输和销售。例如真空包装机和充气包装机结合冷链技术，可延长净菜保质期。

4.4.2 分级、分选装备

4.4.2.1 按尺寸分级

（1）滚筒式分级

适用于大多数球形果蔬的分级，采用中空的管筒，每个转筒分别开有不同级别的分级孔。果实流经转动着的滚筒外表面时，比分级孔小的果实落下，然后由输送带沿滚筒轴向从滚筒内部排出。其结构简单，易操作，分选速度快，分级后的果蔬外形一致性较好，但分选精度低。

滚筒设计为可自由拆卸式，在实际生产中可根据需要进行自由组合。然而，由于滚筒的圆周速度低，有效分选面积小，所以单位长度滚筒的分选能力较低。在运行中易发生堵塞现象，需时常有人看管。该机落差大，果实易受损，同时果实在分级孔处相对静止的情况下进行检测，分级精度差。

（2）三辊式果蔬分级

适用于苹果、柑橘、桃等球形果蔬的尺寸分级。整机主要由进料斗、理料滚筒、辊轴链带、出料输送带、升降滑道、驱动装置等组成。分级部分为一条由竹节形辊轴通过两侧链条连接构成的链带，辊轴分固定辊和升降辊两种连接形式。果蔬通过进料斗送至辊轴链带，小于菱形孔的果蔬直接穿过落入集料斗内。较大的果蔬由理料滚筒整理成单层，果蔬随辊轴链带移动至分级起始区域，此时升降辊处于低位状态，与相邻的辊轴共同形成一系列菱形凹坑，随后被连续移至分级工作段，此段内的升降滑道呈倾斜状，使得升降辊逐渐上升，所形成的菱形孔逐渐变大。

各孔处的果蔬在辊轴摩擦作用下不断滚动而调整与菱形孔间的位置关系，当某方向尺寸小于当时菱形孔尺寸时，即穿过菱形孔落到下面横向输送带的由隔板分割的相应位置上，并被输送带送出。大于孔的果蔬继续随链带前移，在升降辊处于高位时仍不能穿过菱形孔的果蔬将从末端排出。生产能力强，分级准确，同时果蔬始终保持与辊轴的接触，无冲击现象，果蔬损伤小，但结构复杂、造价较高，适用于大型水果加工厂。

（3）果蔬光电分级

采用光电传感器检测物料的尺寸。当果蔬等速通过光电检测器时，通过检测果实遮挡光束时间或遮挡光束的数量计算出果高、果径、面积，经与设定值比较后，控制卸料执行机构，使果实落入相应的位置，实现分级。包括光束遮断式果蔬分级机、脉冲计数式果蔬分级机、水平屏障式果蔬分级机等。

（4）滚杠分级

适用于一些圆形或者偏圆形的水果或者蔬菜，如青椒、马铃薯、甘薯、圣女果、冬枣、板栗、荔枝、黄瓜、洋葱等。原理是根据果蔬的大小进行分级。

4.4.2.2 按重量分级

（1）机械式重量分级

按感重原理分为杠杆秤式和弹簧秤式两种。被称重物料盛放于料斗内，料斗前端与牵引链条铰接，并支撑于滑道上，而尾端自由支撑于滑道上。滑道分为固定段和称重段，其中称重段由感重弹簧保持与固定段形成直线滑道，在牵引链条牵引下料斗连续移动。当料斗尾端支撑杆移至滑道称重段时即进行称重，当因物料而作用于称重段的向下摆动的力矩超过感重弹簧提供的支撑力矩时，称重段被压下，料斗脱离固定滑道水平面，最后物料滑落到下方的横向输送带上被送出，料斗翻下后，称重段在弹簧作用下迅速复位。若物料较小，作用力矩不足以大于弹簧支持力矩时，料斗将继续载着物料沿滑道前移。称重段滑道设置数量与分级挡位数相同，相应于分级挡位由重到轻，弹簧预紧力也由大到小。

（2）电子秤式重量分级

克服了机械秤式装置每一重量等级都要设秤、噪声大的缺点，一台电子秤可分选各重量等级的产品，装置大大简化，精度也有所提高，使用特别的滑槽，落差小，水果不受冲击，不损伤。

4.4.2.3 按形状分选

（1）机械式形状分选

多是以缝隙或筛孔的大小将产品分级。当产品通过由小逐级变大的缝隙或筛孔时，小的先分选出来，最大的最后选出。适用于柑橘、李子、梅、樱桃、洋葱、马铃薯、胡萝卜等。

（2）光电式形状分选

利用产品通过光电系统时的遮光，测量其外径或大小，根据测得的参数与设定的标准值比较进行分级。较先进的装置则是利用摄像机拍摄，经电子计算机进行图像处理，求出果实的面积、直径、高度等。克服了机械式分选装置易损伤产品的缺点，适用于黄瓜、茄子、番茄、菜豆等。

4.4.2.4 按颜色分级

根据果实的颜色进行分选。果实从电子发光点前面通过时，反射光被测定波长的光电管接收，颜色不同，反射光的波长就不同，再由系统根据波长进行分析和确定取舍，达到分级效果。在意大利的果品贮藏加工业生产中，使用颜色分级机较早，主要是对苹果进行颜色分级。另外，利用彩色摄像机和电子计算机处理的红、绿两色型装置可用于番茄、柑橘和柿子的分选，可同时判别出果实的颜色、大小以及表皮有无损伤等。

4.4.3 贮藏与保鲜装备

果蔬贮藏与保鲜设备是保障果蔬品质、延长货架期的关键。果蔬采后损耗率高达20%～30%（发达国家约5%），贮藏保鲜技术可将损耗率控制在5%以内。番茄通过冷链贮藏，货架期从7 d延长至21 d，损耗率从25%降至8%。果蔬的贮藏保鲜技术对提升附加值，增加农民收益效果显著，错峰销售可提高售价，冬季反季节草莓价格是夏季的 3～5 倍，通过气调贮藏技术可实现跨季销售。

4.4.3.1 预冷设备

田间预冷是果蔬采后处理的首要环节，对保障品质、减少损耗、提升经济效益具有不可替代的作用。果蔬采收后仍保持高呼吸强度（如菠菜呼吸速率是室温下的 5 倍），田间预冷可在 1～2 h 内将产品温度从 25～30℃降至 4～8℃，抑制呼吸代谢。未预冷的番茄在 25℃下货架期仅 3 d，预冷后延长至 10 d。同时，低温环境可减缓灰霉病、青霉病等致病菌的孢子萌发速度。草莓在 15℃下灰霉病发病率是 5℃下的 3 倍。预冷可降低乙烯合成速率（如香蕉乙烯释放量降低 60%），延缓果实软化、黄化。

（1）冷水喷淋预冷

通过冷水循环快速带走田间热，冷却速度比空气冷却快 3～5 倍，适合表面无孔果蔬。

（2）注冰预冷

将碎冰与水混合注入包装箱，2～3 min 内完成预冷，特别适用于叶菜类、根茎类蔬菜。

4.4.3.2 机械冷藏库

机械冷藏库通过机械制冷设备调控库内温度、湿度，维持稳定低温环境，可精准控制环境参数，显著降低果蔬呼吸强度和微生物活性，减少腐烂损耗，是调节果蔬全年供应的核心手段。适用大规模商业贮藏，尤其适合高附加值果蔬的长期保存。

4.4.3.3 通风库

利用自然通风或轴流风机强制换气，结合隔热结构实现温度调节。建设成本仅为冷库的 40%，能耗降低 90%，适合苹果、梨等耐贮果蔬的短期周转。采用改良通风库 + 保鲜袋 + 防腐剂组合技术，冬季保鲜效果接近商业冷库。

4.4.3.4 配套设施与技术

（1）保鲜袋与防腐剂

在通风库中配合使用，可抑制病原菌生长，减少乙烯积累，延长贮藏期。例如，利用超声波技术的空化效应使病毒失活、细菌致死的特点，结合不同生物大分子材料的成膜特性以及植物精油的抗菌特性，对果菜进行涂膜处理。

（2）智能控制系统

现代冷藏库配备物联网传感器，实时监测温湿度、气体成分，自动调节制冷参数，降低人工管理成本。例如，利用酸性电解水杀菌特性及植物提取物抑菌的特点，结合微孔气调包装技术。

（3）节能技术

采用变频压缩机、相变储能材料，相比传统设备节能30%～40%。

4.4.4 废弃物处理装备

果蔬废弃物（如菜叶、果皮）富含氮、磷、钾等营养元素，通过堆肥或厌氧发酵可转化为有机肥。通过破碎、脱水、发酵等工艺，将果蔬废弃物体积减小85%以上。产物可作为有机肥料或饲料添加剂，实现废弃物循环利用。目前处理设备有破碎机、有机肥调制设备、果蔬垃圾处理一体机、微生物处理设备等。

（1）破碎脱水机

通过破碎和压榨工艺降低果蔬垃圾含水率，实现垃圾减量（减量率达90%以上），减少后续处理能耗。可有效降低臭气产生，避免填埋处理产生的渗滤液污染，提高资源化利用效率。

（2）微生物高温好氧降解设备

利用嗜热好氧微生物分解有机物，将果蔬废弃物转化为有机肥料。处理周期短（24 h内可完成），产物肥效快且稳定，致病菌含量低，符合无害化处理标准。

（3）果蔬垃圾处理一体机

垃圾减量率≥85%；耗电量≤0.15 kW·h/kg；噪声≤75 dB（A）；使用寿命≥10年（90 000 h）。支持连续或间歇式进、出料，配备远程控制系统，实现智能化管理。

第 5 章
戈壁设施农业环境调控技术装备

戈壁设施农业环境的调控本质上是对农作物的生长环境进行人为的干预，创造比自然生长条件更加舒适的生长环境，从而有效地提高农作物的产量的一门学科。研究农作物生长环境的调控对于发挥农作物的生长潜力、提高作物的产量和品质至关重要。本章将探讨温度、相对湿度、光照、二氧化碳等主要环境因子的特性，分析各自的环境调控技术与装备，从而为实际生产中根据作物需求和环境条件选择最适宜的环境调控技术及装备提供理论依据和实践指导。

5.1 我国设施农业环境调控技术装备概述

5.1.1 环境控制设施的定义

设施农业是高效农业生产系统和技术密集型产业，其半密闭或密闭生态系统中的光、温、水、气、养分等生产要素质量与数量或强度可人为调控，能实施周年高效生产，生产效率通常可达露地的几倍或数十倍以上，是替代传统大田露地农业的现代农业生产方式，也是高新工程技术集成应用的生产领域。无论是日光温室、连栋温室，还是植物工厂，其生产效能及其提高潜力在一定程度上取决于设施环境控制技术装备的水平和控制策略的适宜与否。通过环境调控促进设施植物生长发育是设施园艺的核心优势之一。

5.1.2 环境要素的变化特点

设施农业中的环境要素主要包括温度、湿度、光照、CO_2等，要素的变化特点直接影响着作物的生长状况，其中温度是作物生长的关键因素之一，不同作物对温度的要求各不相同，温度的变化特点表现为季节性、日夜变化和天气变化等，在温室中通过调控通风、加温和降温设备，可以实现温度的精确控制，并且要确保温室环境调控具备快速响应和精确调节的能力。湿度是作物生长的另一个重要因素，湿度过高会导致作物病害的发生，湿度过低则会使作物失水，影响生长，在调控过程中主要借助喷雾、灌溉和除湿设备，实现湿度的调控。光照是作物生长的能量来源，光照强度的变化特点主要表现为日夜变化和季节变化，温室内部可以调节遮阳网、补光灯等设备，实现光照的调控。CO_2是作物光合作用的原料，通过增施有机肥、使用CO_2发生器等手段，可以实现CO_2浓度的调控。

5.2 戈壁设施主动加温技术装备

戈壁地区具有光照资源丰富的自然气候优势，合理利用可促进作物生产。日光温室主要依靠太阳能并通过温室围护结构的高效保温来维持室内作物要求的生长温度。正常天气条件下，经过优化设计的日光温室依靠白天高效接受和储存太阳能、夜间严密保温和缓慢释放储热能，在北方大部分地区可以完全不用额外加温就能安全生产，这也是日光温室高效节能最直接的表现。但高效节能的日光温室并非完全不能加温或不需要加温，在下列条件下加温甚至是必需的：①在一些高寒高纬度地区建设日光温室，温室每天获得的太阳能不足，而且温室的保温也不可能无限制地加强，温室安全生产必须加温；②随着全球气候的变化，很多地区雾霾、沙尘、暴雪、严寒、连阴天等极端天气条件越来越多，短时间的冻害就可能造成作物永久性的伤害，甚至造成绝收，为避免灾害天气，温室应配套临时加温设备；③传统日光温室生产作物长期处于逆境生理环境中，产品难以获得优质、高产，要获得优质高产产品，必要的加温也是经济的。为此，在高效节能的前提下，日光温室配套加温设施，或临时供暖，或短时期供暖，用最小的经济投入保证可靠的作物生产环境，从而实现作物稳产和优质是生产的需要，也是温室产品市场竞争的需要，更是保障温室种植者种植效益的直接需要。

5.2.1 太阳能加温技术设备

虽然太阳能也可以通过光电转换将光能转换为电能后再通过光热（补光灯）或电热（电热丝、电热风炉、电热水锅炉）等方式将其转化为热能用于温室加温，但这种转换方式能量转换效率低、需要配套设备多、投资高，在生产实践中不经济而基本不用。实际生产中温室太阳能加温的方式主要以光热直接转化为主，即将太阳辐射能直接转化为热能，用于加热水体或空气，从而实现对温室内部空气及地面土壤的精准温控。太阳能光热转换加温系统主要由太阳能收集、能量储存和能量释放3部分设备组成。太阳能集热器从外形和收集太阳能的方式上可分为平板集热器和弧面集热器；根据收集能量储存和输送工质不同，太阳能集热器还分为热水集热器和空气集热器。平板集热器一般均以热水为工质，而弧面集热器的工质可以是热水或空气。

（1）平板热水集热器

平板热水集热器是将若干内部充满液体工质的集热管平行安装在一个平面上形成一组集热管，太阳光照射集热管，将集热管内的工质温度提高，从而将热量储存在工质中（图5-1）。水具有热惰性大、价格低廉、来源广泛的特点，所以平板集热管多使用水作为热媒工质，由此，平板热水集热器也被称为太阳能热水集热器。

图 5-1 平板热水集热器

每个温室上独立安装的平板热水集热器大都沿温室的长度方向布置，一般安装在温室的后屋面、后墙或后墙外，但也有将集热器安装在温室内。将集热器安装在温室外，可直接接受太阳光，集热器接受的能量多，而且不占用温室内生产空间，但集热管在室外容易积尘，需要经常清理表面灰尘，而且室外的风、雪、雨以及极端的高低温环境对集热器抗老化、耐候性的要求较高，在温度较低的地区，夜间还可能发生集热管内工质出现冻结的风险。将集热器安装在温室内可有效解决上述放置在室外的问题，但由于受塑料薄膜透光率的影响，集热管接受的能量会显著减少。尽管温室前部空间小、地温低、边际效应明显，种植作物的株高和作业空间受到一定限制，使日光温室前部种植作物单位面积的收益较低，但将集热器布置在温室内占用温室生产空间的问题仍然非常突出，而且集热器还会遮挡后部作物的采光，所以，实际生产中集热器大都安装在温室外。

（2）弧面集热器

平板集热器上每个集热管都是接受平行的直射太阳光。由于太阳辐射单位面积的能量密度较低，所以集热管内热媒工质的温度也不会太高，这种集热方式收集的能量是一种低品位的能量，这也为后续的能量利用带来一定限制。为了提高收集太阳能的能量品位，有的设计者采用了弧面集热器，将平行太阳光反射聚焦在一个点或一条线上，亦即将大面积上的低密度太阳辐射能反射集聚成小面积上的高密度能量,一是可以显著提高热媒工质的温度,即提高收集能量的品位;二是可大大减少集热管的数量,由此也可以显著节省集热管的成本。根据集热管内热媒工质的不同,弧面集热器分为热水集热器和空气集热器两类。水的热容量大,热水集热器中水流的速度应相对缓慢,而空气的热容量小,在集热器中收集热量时气流速度应适当增大。

为提高弧面集热器收集能量的品位,一般集热器采用抛物面单管集热管,即将采光弧面上接受的所有能量都反射聚焦到一根集热管上,这种集热方式在热媒工质不循环的条件下可以将热水温度提高到100℃以上,由此可得到较高品位的能量,高品位能量储存需要的罐体容积也相应减小。对日光温室而言,白天收集的热量主要用于夜间加温,如果热媒工质的温度太高,对集热罐的保温要求也就相应提高,因此在设计中应平衡集热罐罐体容积与集热罐保温之间的经济性。

图 5-2 弧面集热器

弧面集热器一般安装在温室的后屋面,当温室后墙或后屋面结构支撑强度不足时也可用独立的支撑立柱将其安装在温室后墙外后屋面高度位置,但也有的设计将集热器安装在温室南侧的地面上(图 5-2)。将集热器安装在温室后屋面,集热器采光不受任何影响,集热器集热量大、集热效率高。但安装集热器会影响后栋温室的前屋面采光,或者需要加大相邻温室之间的间距,也增大了温室结构的荷载。此外,将集热器安装在温室后屋面需要专门的支架,也增加了安装成本。将集热器安装在温室南侧的地面上,可完全消除集热器对温室结构的荷载,而且还节省安装支架的费用,但这种做法会遮挡温室内前部作物的采光,如果相邻温室之间的间距不足,也会直接影响集热器的采光时间和采光量,进而影响集热器的集热量和集热效率。

(3)太阳能集热器热量的释放形式

太阳能集热器收集的热量主要以热水和热空气为载体被传输和储存。热水作为工质时,储热的方式主要以热水罐为储热体,将热水罐与集热管连接为一个循环管路,通过水泵的动力驱动,白天将热水罐内的低温水送入集热管不断加温,最终使热水罐内的水温整体提高,从而获得高温热水用于温室夜间加温。热水罐可以置于室外，也可以置于温室室内。不论是置于室内还是室外，热水罐均应做好自身保温，尤其是置于室外的热水罐更应加强罐体保温。释放储存到热水罐内的热量可以通过安装在温室内的散热器或埋置在地面土壤中的毛细管释放到温室空气或地面土壤中，从而实现提高温室内夜间空气温度和地面土壤温度的目标。

5.2.2 电热加温技术设备

电是一种高品位的能源，而且来源便捷、用电设备多样、清洁无污染，如果能争取到农用电价或峰谷电价政策还可进一步降低温室的加温成本。用电热转换进行温室加温的方式包括直接加温和间接加温等多种形式。直接加温的方式包括电热线加温（包括用地热线提高土壤或基质温度，以及用空气电热线提高空气温度）、电热丝电炉加温、电热灯加温（包括补光灯，在补光的同时加热空气）等；间接加温的方式包括电热水锅炉加温、电热风机加温、电油汀加温以及热泵加温等。直接加温的方式主要用于局部加温或临时应急加温，加热热源为点状分散分布，散热方式基本为自然对流或辐射，因此，温室内温度分布很不均匀。为了在温室中获得均匀的温度分布场，保证作物的均匀生长，设计中大量使用的电加热系统主要为间接加温系统，即将电能首先转化为热能，再用散热器将热能均匀释放到温室中。

（1）电热风机加温系统

将电能转换为热能加热空气，再通过风机和均匀送风管道将热空气均匀输送到温室的加热方式称为电热风机加温系统（图5-3）。将电热线盘绕在均匀送风管道上，电热线通电自身发热后将送风管内外的空气加热，用风机将室内冷凉空气吸入送风管使之与管内热空气混合并不断加热，最终在风机的压力下从送风管出口射流到室内与温室内空气混合，从而提高温室内整体的空气温度并扰动空气混流，实现温度的均匀分布。这种系统风机安装在送风管的中部，风机的进风口安装吸风管，出风口安装在送风管上。送风管的长度一般不超过10m，整套送风系统吊挂在温室后屋面上，在温室长度方向每隔20～30m设置一套加温系统，可实现温室的临时加温和均匀送风。

（2）电热水锅炉及配套散热设备

电热水锅炉是用电热丝或其他电热元件将电能转化为热能并加热水供温室采暖的一种热源（图5-4）。用电热水锅炉产生的热水在日光温室内散热的方式有2种：一种是将热水输送到散热器内，依靠散热器与室内空气的对流换热和辐射散热将散热器内热水的热量释放到温室内；另一种是热水输送到

第 5 章　戈壁设施农业环境调控技术装备

图 5-3　电热风机加温系统

图 5-4　电热水锅炉及配套散热设备

热水盘管中，再用风机吹/吸热水盘管的外表面，将热水盘管中的热量强制释放到温室中。前者称为热水供暖，后者称为热风供暖。热水供暖需要配套散热器，而热风供暖的散热器就是热水盘管和风机的组合体，称为热风机。日光温室由于单体面积小，而且保温性能好，单位面积热负荷不大（多在 50 W/m² 左右，一般不大于 100 W/m²），所以，配套选用电热水锅炉的容量一般也较小。电热水锅炉由于自身容量小，可以随用随启动，锅炉自身大多不带储热罐，运行中直接循环供热管内的水体，并将热量通过散热器自然对流换热或通过热风机强制对流换热释放到温室中。市场上电热水锅炉的规格和型号较多，选配时可在保证锅炉的热容量及用电安全的条件下，以价格优先购买和安装。

（3）空气源热泵

热泵是一种高效的电热转化设备，一般热转化效率（COP）在 3～5。这种技术是提取空气或水等热媒中由于温差变化所包含的热能用于温室加温，可以将低品位甚至通常条件下无法使用的能源提升为高品位能源，因此不仅能效高，而且能量使用也更多样化。日光温室中使用的热泵主要为空气源热泵，热泵供暖系统由热泵机组、水循环动力系统和散热器三部分组成，其中散热器可采用上述热水采暖系统所用散热器中的任何一种形式（图5-5）。散热器采用了塑料毛细软管，均匀布置在温室后墙面。这种做法白天毛细软管还可以直接接受太阳辐射将管内循环水加热，更兼具一定的节能效果。

图5-5 空气源热泵

5.2.3 燃料加温炉及其配套设备

太阳能与电能加温系统均属清洁能源技术。这类系统虽具有运行管理便捷、环境污染小的优势，但相对较高的建设运维成本，对于缺乏政府补贴或资金有限的农户而言，应用这类设备仍显"奢侈"。作为日光温室的应急加温方案，生产者普遍根据实际情况配置了多类型燃料加温炉，可根据地域特点灵活选用煤、柴油、液化天然气及生物质燃料等经济型热源，不同燃料类型对应差异化的燃烧装置设计及热量输配方式。

（1）直燃式燃煤炉

直燃式燃煤炉就是将燃煤炉直接放置在温室内，依靠炉体自身的散热来提高温室内的空气温度（图5-6）。选用的加温炉可以是工业生产的锅炉，也可以是自制的土建加温炉。这种加温炉一般设置在温室中部后走道上，对于较长的温室可以设置多台，均匀布置在温室后走道上，燃烧后的尾气直接从温室后屋面或后墙排出室外。这种加温炉最大的缺点是炉体周围温度高，温室其他部位温度低，也就是说温室内温度分布很不均匀，而且燃烧的尾气通过烟囱直接排出室外，烟道内的热量没有得到充分利用。为此，改进的做法是加长烟囱，将烟囱作为散热器，一是可以最大限度地将烟囱中的余热全部释放到温室中，达到节能的目的；二是可以将加温炉产生的热量均匀释放到温室内，减小温室内温度梯度，提高温室内温度的均匀度。用烟囱作为散热器的加温方式是一种经济且科学的方法，在条件允许的情况下应尽可能采用这种形式。

图 5-6 直燃式燃煤炉

（2）燃煤热风炉

直燃式煤炉最大的缺点是室内温度分布不均匀，尤其在加温炉附近作物接受热辐射强烈，对其正常生长会造成很大影响。为了解决温室中温度分布不均匀的问题，常用的做法是采用热风炉（图5-7），就是在上述直燃式煤炉的基础上增设一套风机送风系统，安装均匀送风管道将加温炉内的热量均匀输送到温室的长度方向。均匀送风管可以是帆布或透明塑料薄膜材料制作，送风管上开设送风口。为了保证沿送风管长度方向的均匀送风，一种做法是等距离开孔，但孔径大小不同，距离加温炉近处送风管内温度高、风速大，孔口应小；距离加温炉越远，管道内温度和风速将逐渐降低，相应孔口应逐渐加大。这种做法应根据送风机的送风量和压力按照流体力学均匀送风原理设计孔口间距和大小，保证在送风管的全程出风量和出风温度基本一致。由于设计计算复杂，而且加工制作也费时费工，所以生产实践中更多的是采用相同孔径、不同孔口间距的开孔方法，同样也能达到均匀送风的目的。

（3）燃油热风炉

燃煤炉由于煤燃烧不完全以及燃煤成分复杂，燃烧尾气中含有较多的硫化物和氮氧化物，燃烧不充分会带来较大的空气污染，因此很多地区限制使用燃煤炉。此外，使用燃煤炉，温室生产者夜间需要多次给燃煤炉加煤，严重影响生产者的正常休息。为此，在经济条件许可的情况下，一些生产园区采用了燃油热风炉。燃油热风炉加温系统由储油油箱、燃烧炉、送风风机、排烟烟囱以及均匀送风管等组成（图 5-8）。一般燃油热风炉放置在温室生产区之外的门斗内或辅助生产区内，排烟烟囱直接就近通向室外，而均匀送风管则穿过辅助生产区后与前述燃煤热风炉的送风管一样布置在温室内沿温室长度的方向上。由于柴油燃烧充分，尾气中污染物少，对大气的环境污染也可降低到最低限度。

图 5-7 燃煤热风炉

图 5-8 燃油热风炉

（4）生物质燃料热风炉

不论是煤还是柴油，都是一种不可再生能源。为保证农业产业的健康和可持续发展，近年来研究和生产部门都在致力于开发和生产生物质能源，主要是利用农作物的秸秆、果园、杂木林的树枝,以及食用菌生产后的菌棒等为原料,通过粉碎、配方调理、挤压成型等工序制作成体积小、能量密度高的燃料块、燃料棒或燃料颗粒,如同燃料煤一样,用作燃烧炉的燃料。使用生物质燃料不仅解决了温室采暖的问题,而且处理了农作物的废弃物,是一种生态环保的举措,更是延长农业产业链条、提高农业生产附加值的有效手段。由于生物质燃料的热值相比煤更低,所以,相同热量需求的条件下,所用的生物质燃料更多。市场上也开发了专门用于燃烧生物质燃料的炉具,在温室中使用时除了选择用的炉具不同外,其他排烟烟囱、均匀送风管道和燃煤加温炉基本相似或相同(图5-9)。

图 5-9　生物质燃料热风炉

(5)燃气加温系统

燃气加温系统就是用液化煤气、沼气、天然气等气体燃料燃烧产生热量向温室供热的系统(图5-10)。一种采用直燃方式将煤气在燃烧器中点燃后吹出,加热后的热空气通过均匀送风管道沿温室长度方向输送到温室内。该系统由于在燃烧器内燃烧煤气,加热后的空气温度很高,直接接入均匀送风管道可能会点燃送风管道或者高温会加速送风管道老化,为此在系统设计中将送风管道离开燃烧器一定距离,在送风管的进气口安装送风风机,使从燃烧器喷出的高温空气与室内冷凉空气混合,通过送风机进气侧的负压将其吸入送风管道,从而降低送风管道内空气温度。另一种采用管道液化天然气为燃料,经气化后直接送入锅炉房锅炉,锅炉燃烧燃气产生热水,热水通过管道送到温室，再通过热风机将热水中的热量转换为热风，通过风机分送到温室。由于热风机为分散布置的，与均匀送风管道相比，温室内温度分布可能不均匀，但由于风机是正压送风并扰动室内空气运动，室内温度场相对也比较均匀。

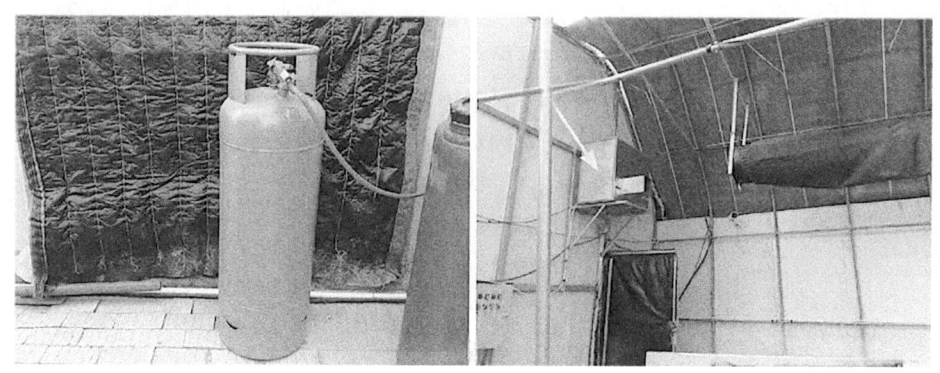

图 5-10　燃气加温系统

5.2.4 短期应急加温技术装备

上述采用太阳能、电能或是燃煤、燃油以及燃烧生物质的供暖方式大都是在需要较长时间供暖或供暖负荷较大的情况下才设计使用。对于设计采光和保温性能良好的日光温室，正常天气条件下不需要采暖即可安全越冬生产，这类温室基本不配置加温设备，事实上这也是我国绝大多数日光温室的现状。近年来，随着气候的变化，极端天气条件不断发生，暴雪、严寒、雾霾、沙尘以及长时间连阴天等不利于作物生产的恶劣天气条件时常威胁着我国大部分的冬季生产日光温室。为此，寻找解决日光温室短期或临时应急的加温方式迫在眉睫，这也是保障我国大面积日光温室冬季安全生产的重要举措。生物质燃料块（图 5-11）是一种常用的临时加温燃料。这种燃料块加工制作类似传统的蜂窝煤结构，点燃后可以缓慢自燃且不需要配套加温炉具，只要在温室走道上用两块砖块或混凝土块将燃料块支起即可。一般在温室内走道上每隔 10～20m 布置 1 个燃点，每个燃点放置 2 块燃烧块，21:00—22:00 点燃，可持续燃烧到翌日凌晨。如果室外温度再低，可在凌晨时分补加 1 块燃烧块，基本可满足温室夜间的散热需求。

图 5-11　生物质燃料块

5.3 戈壁设施通风调控技术装备

温室通风调控系统是优化设施环境的核心技术之一,通过动态调节空气流动实现温湿度精准控制、CO_2 均匀分布及病虫害预防,为作物创造稳定生长环境。其核心由风机群组、环境传感网络和决策端构成,风速可调,适应不同作物需求。

5.3.1 环流风机

环流风机能够加速温室内的空气流动,使温度、湿度和 CO_2 浓度等环境因素更加均匀分布(图 5-12)。这有助于消除温室内的冷点、热点和高湿点,为作物生长提供一个稳定而适宜的气候环境。通过增加空气对流量,环流风机能够改善作物的生长环境,提高光合作用效率。这有助于促进作物的生长和发育,提高产量和品质。在夏季高温时段,环流风机可以作为轴流风机与湿帘降温设备的补充,提高降温效果。通过促进空气流动,环流风机能够加速叶片表面水分的蒸发,减少病害发生。环流风机采用先进的空气动力学设计,能够实现大面积空气循环,节省能源并提高空气效率。环流风机采用先进的降噪技术,噪声更低,更适合温室内的生产和生活环境。一些环流风机配备了智能控制系统,能够根据温室内的温度和湿度等环境参数自动调节转速,实现更加精确的通风换气控制。

图 5-12 环流风机

5.3.2 高压微雾加湿器

高压微雾加湿器是用于高压微雾加湿的设备(图 5-13)。高压微雾加湿器的工作原理是利用高压柱塞泵将水压提高到 4～7 MPa,然后将加压后的水经耐高压输送管线由专业喷嘴将其雾化产生的微雾颗粒,使其能够迅速从空气中吸收热量完成汽化并扩散,从而完成空气加湿、降温的目的。高压微雾喷嘴每秒能产生 50 亿个雾滴,雾滴的直径仅为 0.5～15 μm,雾化 1 kg 水仅消耗 6 W 功率,是传统电热加湿器的百分之一,是离心式或气水混合式加湿器的十分之一,当喷雾机停止工作时,机体自动将高压喷管的压力释放,防止

图 5-13 高压微雾加湿器

喷头滴水,加湿效率高达95%以上。

5.3.3 自走式喷雾机

温室自走式喷雾机采用单片机或PLC逻辑控制器,通过编程实现前进、后退、升降及喷雾启停的自动化操作(图5-14)。自走式喷雾机是一种专用于农业植保作业的智能化移动喷洒设备,其核心功能是通过高压雾化技术实现农药、营养液或消毒剂的高效精准施放。该设备采用高压柱塞泵(工作压力通常为 3～8 MPa)将药液加压,通过耐腐蚀管路输送至多级可调式喷杆,并由抗堵塞雾化喷嘴将药液破碎为直径 10～100 μm 的微小雾滴,确保雾滴均匀附着于作物叶片正反面。以典型机型为例,其喷杆可横向展开至6m,配备 20～40 个扇形雾化喷嘴,每秒雾化药液量达 2～5 L,单次作业覆盖面积较传统人工喷洒提升 5～8 倍。

图 5-14 自走式喷雾机

5.3.4 湿帘

温室湿帘(又称"水帘降温系统")是一种基于蒸发冷却原理的高效环境调控装置,主要用于温室夏季降温与湿度调节。其核心由蜂窝状多孔纤维材料(如植物纤维或高分子复合材料)构成,通过循环水泵将水均匀输送至湿帘顶部,水流沿波纹孔隙向下渗透形成均匀水膜(图5-15)。当温室风机启动形成负压时,外部热空气穿透湿帘,水分快速蒸发吸收空气中的热量(每蒸发 1 L 水可带走约 2428 kJ 热量），实现空气降温幅度达 4～12℃，同时将相对湿度提升至 80%～95%，满足果蔬、花卉等作物高温季节的生长需求。

图 5-15　温室湿帘

5.4 戈壁设施光质调控技术装备

对设施光环境进行调控，能有效促进作物的生长发育，提高果实产量和品质。研究发现根据不同植物光质需求进行适宜补光可以促进植物的生长发育。因此，可根据植物光质需求采取不同措施进行精准补光。

5.4.1 人工补光设备

人工补光是调控设施光环境的主要途径之一，根据作物对光的需求特性采用人工光源改善设施内光照条件，为植物提供理想的生长环境，促进其健康和高效生长。人工补光系统通过精准匹配作物光需求参数（光强、光谱、光周期），结合实时环境数据动态调节光源输出。现代 LED 植物灯采用脉冲调光技术和多通道光谱调控。智能系统依据作物生育期自动切换光配方，配合光温耦合算法消除热辐射影响，使作物增产，生长期缩短。

（1）高压钠灯

高压钠灯（图 5-16）于 1964 年首次被开发，此后一直用于温室补光增加光合作用、促进作物生长。在温室补光应用中，通常使用400 W、600 W和1 000 W 钠灯。1 000 W 钠灯效率更高，所以更受欢迎，因其在同样光强要求下所需的灯具数量更少，阻挡自然光也就更少。但另一方面，当光强需求较低时，1 000 W 钠灯所需数量进一步减少，却难以获得温室光照的均匀分布。

高压钠灯的最高光效约为 1.85 μmol/J。一只 1 000 W 高压钠灯（灯泡）具有约 1 060 W 的电耗，它将约 37% 电能转化为光合有效辐射（PAR），约 39% 电能转化为热能，约 5% 电能消耗于电极，约 8% 转换为非 PAR（主要是热红外 TR）。大量产生的辐射热可能会影响到温室作物生长。所有 HD（包括白光金卤灯）均基于相同类型的工艺，因而具有相似的光谱能量分布，主要区别在于可见光波段内的颜色分布。

图 5-16　高压钠灯

（2）LED

顾名思义，LED 是一个 P-N 结，当电流流过 P-N 结（正/负极）时会发光（图 5-17）。LED 发出的光几乎是单色光，其波长取决于 P-N 结合涂层采用的材料。例如，红光 LED（可见光波段中第一个光谱）在 20 世纪 60 年代初问世，而明亮的蓝光 LED 则于 20 世纪 90 年代初才问世。红蓝 LED 与绿光 LED 组合起来，可以发出白光，尽管"白"得有些不自然（与自然光相比）。近年来，通过蓝光 LED 激发封装的荧光粉涂层制成了白光 LED，发出的白光或多或少接近自然光。

（3）荧光灯

温室补光应用中没有使用荧光灯管，主要原因是荧光灯的光通量较低，需要安装很多数量荧光灯管才能满足合理的光强需求，这在温室里会遮挡掉很多自然光（图 5-18）。荧光灯管主要用于气候室（植物工厂、催芽室、组培室），但也逐渐被 LED 取代。荧光灯的优点在于它们不会产生很多热量，且具有很宽的发光角（160°），这使得它们可以贴近作物放置，从而保持很小的栽培层间距。荧光灯的白光由蓝光、红光和黄光的光谱相叠加而产生。

图 5-17　LED 补光灯

图 5-18　荧光灯

5.4.2 覆盖材料

覆盖材料是调控设施光环境的另一重要途径，可根据不同特性材质的覆盖材料或通过覆盖材料中添加功能助剂来达到调控设施内光环境尤其是光质的目的。该措施能够在降低成本、提高效率的同时，改善作物生长。近年来塑料薄膜的应用范围越来越广，主要包括聚乙烯（PE）膜、聚氯乙烯（PVC）

膜、醋酸乙烯共聚物（EVA）膜、聚烯烃（PO）膜等，在此基础上又研制出了EVA多功能膜、涂覆型膜、PVC双防膜、转光膜等。

（1）薄膜

薄膜，专为设施农业生产打造，经济实惠且造价亲民，是覆盖材料中的常见之选。它主要包括乙烯-醋酸乙烯共聚物膜、聚乙烯（PE）膜以及聚氯乙烯（PVC）膜（图5-19）。乙烯-醋酸乙烯共聚物（EVA）膜，是一种新兴的大棚覆盖材料，以其出色的透光性和保温效果脱颖而出，同时具备高产、耐候性等优势。聚乙烯（PE）膜，以其轻质、柔软、易造型和透光性好等特点受到青睐，但需注意其不易粘结、保温和耐候性方面的不足。PE膜还可根据添加成分的不同，细分为普通PE棚膜、PE防老化膜、PE无滴防老化膜等多种类型。聚氯乙烯（PVC）膜，以其良好的保温性、透光性和耐候性受到欢迎，但需注意其比重较大、成本增加以及废弃后处理的问题。PVC膜同样有多种细分类型，如普通PVC棚膜、PVC防老化膜等。

图5-19　PVC棚膜

（2）转光膜

转光膜是指将转光剂加入农用棚膜当中，使太阳光中部分近紫外光和（或）绿光转换成红光和（或）蓝光，充分利用太阳能，将太阳光中促进植物光合作用的光谱范围发挥到最大（图5-20）。转光剂按制备工艺可分为稀土无机、稀土有机和有机荧光染料转光剂，其中，稀土有机转光剂的发射光谱应与植物的吸收光谱相匹配，应用较为广泛；按转光性质可划分为绿转红(将绿光转换成红光)、紫外转红(将紫外光转换成红光)、紫外转蓝(将紫外光转换成蓝光)和双转光剂(红蓝转光剂,将紫外光和(或)绿光转换成红光和蓝光);按发光性质可划分为红光剂、蓝光剂和红蓝复合剂。目前,转光膜可分为两大类:一是高能量的光与低能量的光之间的转换,即短波光与长波光之间的转换,二是直射光转变为散射光,即改变光的传播方向,使植株下部的功能叶片保持光合效率,协同地上部与地下部生长的需要。

图 5-20 转光膜

5.5 设施农业环境监测系统

温室环境信息监测系统可实时采集温室内温度、湿度、光照、土壤温度、CO_2 浓度、叶面湿度、露点温度等环境参数,同时可以采集果实生长速度、茎干生长速度、叶温等生物信息参数。利用环境数据与作物信息,指导用户进行正确的栽培管理。温室传感器是一类专门用于监测温室环境参数的电子设备,其核心部件是能够感知环境变化的敏感元件。这些敏感元件将环境参数转换为电信号。经过信号调理电路处理后,由微处理器进行分析和处理,最终将数据传送至控制系统或用户终端。常见的温室传感器包括温度传感器、湿度传感器、光照传感器、二氧化碳传感器等。温度传感器多采用热敏电阻或热电偶,湿度传感器常用电容式或电阻式原理,光照传感器则基于光电效应,二氧化碳传感器主要采用红外吸收原理。

5.5.1 环境监测传感器分类

(1)温室内部悬挂气候箱

温室中温度、湿度、二氧化碳和光照的合理搭配组合是作物健康生长的基本要素，温室中配备的气候箱作为内部气候数据集成站，其重要性也是不言而喻的。为了实现相对精确的数据收集，气候箱外壳能保护里面传感器免受水、灰尘和太阳直射的消极影响，另外还配有小型风扇和空气过滤器实现空气过滤，并避免在潮湿环境下出现腐蚀问题。标准配置的气候箱里包含着测量温室内部空气温度、湿度的传感器。这些测量因子会对温室内部加热、通风、卷帘使用等的控制起着决定性的作用；还可以根据需求，另外选择安装其他传感器，比如 CO_2 浓度传感器，从而使温室管控的策略制定更全面科学。

（2）相对湿度和温度传感器

温室空气的相对湿度是作物的重要气候因素。标准的测量箱通过干湿球传感器的相关原理进行温室内的温度和相对湿度的测量。配件方面也出于湿球原理的设计，测量箱多配备了一个储水器。除了传统标准类型的测量方式，市场上也有电子的相对湿度和温度传感器可供选择，能够实现较为稳定的使用体验（维护要求相对较低）。

（3）CO_2 传感器

CO_2 是作物高产的重要环境参数之一，安装 CO_2 传感器十分有必要。因为除了光照、湿度和温度之外，CO_2 也是作物最重要的生长因子之一。而如何维持温室空气中适宜的 CO_2 浓度更是重中之重，因为在温室有额外补充 CO_2 的情况下，如果浓度过高，反而会对作物生长带来消极影响。因此，对 CO_2 浓度的良好测量至关重要。经由数据收集分析后，可结合太阳辐射或补光灯的使用确定适当的 CO_2 补充剂量。

（4）光照度传感器

温室光照度传感器是用于实时监测温室内光照强度的关键设备，广泛应用于设施农业、植物工厂及育苗温室等领域。其核心原理基于光电效应或量子传感技术，通过光敏元件（如光电二极管、光敏电阻或量子传感器）将光信号转化为电信号，最终输出光照强度数据，常用单位为勒克斯（lx）或光合有效辐射[PAR，单位为 $\mu mol/(m^2 \cdot s)$]。传感器通常覆盖 0～200 000 lx 量程，精度可达 ±5%，部分专业型号支持光谱选择性检测（如 400～700 nm 光合波段）。具备 IP65 以上防护等级，适应高温高湿环境，部分集成温度补偿功能以提升稳定性。通过与补光系统、遮阳幕联动，可自动调节光照强度至作物最佳需求范围。

（5）土壤水分传感器

土壤水分传感器是一种用于实时监测土壤含水量的精密农业设备，广泛应用于设施农业、温室种植及精准灌溉领域。其核心功能是通过检测土壤介电常数、电阻率或电容值等物理参数，结合算法转化为可读的水分含量数据（单位 m^3/m^3）。常见技术包括电容式、时域反射（TDR）和频域反射（FDR）原理，具有非破坏性检测、响应速度快（通常＜1 s）的特点。传感器可集成温度补偿模块，适应 –40～60 ℃ 环境，部分型号兼具盐分检测功能以消除电解质干扰。现代产品多采用不锈钢探针和 IP68 防护等级，确保在长期埋设环境下的稳定性，部分无线型号续航可达 3～5 年。

5.5.2 数据传输介质

5.5.2.1 有线传输

工业总线：如 RS-485、CAN 总线，通过电缆直连控制器，抗干扰强，适合短距离（＜1.2 km）固定部署，波特率可达 115.2 kbps。

以太网：基于 TCP/IP 协议，支持 PoE 供电，适合高密度传感器组网，延迟低（＜10 ms），但布线成本高。

5.5.2.2 无线传输

（1）短距离无线传输

Wi-Fi：2.4 G/5 G 频段，传输速率高（150 Mbps），适合实时视频监测，但功耗大（需持续供电）。

蓝牙/BLE：低功耗（纽扣电池续航数月），覆盖范围小（10～50 m），适合便携设备数据采集。

（2）长距离无线传输

LoRa：Sub-GHz 频段，传输距离达 2～10 km（视环境），功耗极低（电池续航 3～10 年），数据速率低（0.3～50 kbps），适合广域温室群。

NB-IoT：基于蜂窝网络，覆盖广（依赖基站），月均流量＜200 MB，适合运营商覆盖良好的区域。

专有协议：如 ZigBee（2.4 GHz）、Z-Wave，支持 Mesh 网络自愈，节点数多（ZigBee 支持 65000 节点），但传输距离短（＜100 m）。

5G：支持 uRLLC（超低时延＜1 ms）和 mMTC（海量连接），适合高实时性自动化控制。

光通信：如 Li-Fi（可见光传输），实验性用于强电磁干扰环境，速率快（＞1 Gbps），但需直视路径。

5.6 戈壁设施环境调控决策系统

5.6.1 基于设定值的温室环境控制方法

基于设定值的温室环境控制方法通常以农业专家经验确定环境参数值，结合被控环境因素的当前状态，通过手动或定时控制方式调控环境参数，维持温室作物生长在设定的环境范围中。该方法操作简单且广泛应用于温室生产中，但由于温室种类和作物品种差异较大，环境参数设定值的确定与优化是实现基于设定值控制的关键。同时，合理的控制方法能使控制系统受控环境参数更好地跟踪设定值。

（1）基于专家经验的环境参数设定值选取

基于专家经验的环境参数设定值选取方法依赖操作人员的主观经验，以历史环境数据和实时环境数据来人为设定环境控制目标值。植物对光和CO_2等环境因素的需求会随作物生长状态和外界环境的变化而动态调整。受环境因素、地理位置和种间差异的影响，适宜作物生长的最佳环境设定值存在差异。因此，在实际应用中，需要根据作物实际生长需求和专家经验来确定目标值。现有基于专家经验的环境调控设定值的研究主要围绕温度、光照、水肥等关键环境参数展开。以专家经验确定不同作物的环境参数设定值并建立专家知识库，对温室环境调控具有一定指导意义。但该方法仅能提供粗略的调控范围，无法根据外界环境变化及时调整控制策略来满足作物对光照、水分和营养物质的需求。

（2）基于机理模型的设定值优化

温室通过被动吸收太阳辐射为作物提供适宜环境。室内环境受调控设备状态、作物生长情况和室外环境扰动变量的动态影响。此外，温室的热交换和热耗散速率与采光材料、面积、地理位置等结构参数密切相关。基于能量和物质平衡理论建立的温室内环境机理模型可以描述系统的变化规律，适用于温室生产中环境设定值的优化设计。众多学者基于机理模型建立温室环境模型，以优化环境参数的控制量，为改善温室控制策略提供理论支持。然而，温室作物与环境的互作关系存在时间尺度不统一的问题，机理模型无法有效反映温室环境的动态变化规律。机理模型根据温室环境的动态变化建立精确数学模型，但需要通过大量试验获取温室结构、作物生长和环境等信息，相关参数复杂且获取难度大，因此基于机理模型的设定值优化方法有效性和适用性受限。

（3）设定值控制的实现

基于经验的环境设定值控制方法通过单片机等控制器，根据环境实时监测结果与经验设定目标之间的差值驱动执行机构做出相应决策，实现温室内环境参数的调控。但当温度和湿度等环境条件发生变化时，系统不能及时调整和优化控制策略，可能会影响控制效果。针对温室系统具有时变性、时滞性和非线性的特点，环境调控方法逐步转化为以设定值为目标、基于环境监测实时反馈的动态调控方式。PID控制是一种经典的反馈控制方式，通过比例、积分与微分运算对系统误差进行反馈控制，从而保证系统稳定运行。PID控制器通过调整3个参数即可改善系统的动态和静态特性，原理简单、使用方便，多用于温室温湿度控制。然而，温室气候条件的不确定性较强，反馈控制过程易产生较大波动，若控制误差较大则会对作物造成损害。同时，PID控制器为线性控制器，参数难以自适应调整，对于非线性复杂系统难以实现良好的控制效果。与阈值控制方法相比，PID控制能通过反馈调节保证温室环境的稳定控制，但其需要依据经验设定控制阈值，且通常仅用于单因子环境控制，在复杂的多因子环境下难以达到满意的控制效果，故应结合智能控制方法实现温室环境精准调控。

5.6.2 温室环境智能控制方法

近年来，将传统温室与传感器、无线通信、物联网、人工智能决策等技术相结合已成为现代温室实现环境智能控制的关键。其中，数据是实现决策的基础，各类传感器和监测设备为获取环境与作物生长数据提供支撑，进而实现温室环境智能调控。

（1）模糊控制

温室系统易受外界环境影响，建立精确控制模型十分困难。而模糊控制不依赖于被控对象的数学模型，对于常规非线性方法难以处理的问题具有良好适用性。模糊控制原理由计算机采样获取被控量的精确值，并将其与给定值比较获得误差信号；误差信号作为模拟控制器的输入，经模糊量化处理后合成模糊控制规则，再根据推理获取模糊决策控制量；最后通过非模糊化处理将模糊量转换为精确量输入到执行机构中，实现被控对象的精确控制。部分学者以专家知识库为基础，采用模糊控制方法实现温室环境控制。模糊控制器中隶属度函数和模糊规则多基于设计者经验建立，具有较强主观性。应用智能算法对隶属度函数进行优化可以进一步改善控制结果，但模糊规则确定后无法在线调整,难以适应系统突发扰动的情况,后续研究应着重于研究模糊规则的自适应调整方法以改善控制器的性能。

(2)解耦控制

温室是多输入和多输出的复杂非线性系统,其不同控制参数之间会相互影响。对单个因子按给定目标值进行控制时,也会引起其他因子的变化,难以获得最佳控制性能。解耦控制则通过设计合适的控制策略,可以把具有耦合影响的多参数控制过程转化为彼此独立的单输入、单输出过程,实现一个调节器只对其对应的被控过程独立地进行调节。温度和湿度控制是温室控制中的重要研究内容,二者间的耦合关系较强,因而对其解耦是实现精准控制与节能调节的有效途径。常用解耦控制方法包括前馈补偿解耦控制、反馈前馈解耦控制和模糊解耦控制等。解耦方法多以确定的数学模型为基础,而对于复杂的温室系统,难以建立融合多种环境因子的精准数学模型。此外,不同温室的数学模型并不相同,因此解耦控制方法不具有通用性,难以广泛应用于温室控制系统中。

(3)人工智能控制

人工智能算法具有强大的自学习和非线性拟合能力,其通过训练学习获得知识,已成为实现温室资源管理、精准灌溉、肥料施用以及病害识别的有力工具。神经网络算法是实现人工智能的一种重要方式,典型的神经网络结构有3层,包括输入层、隐藏层和输出层,但神经网络算法具有收敛速度慢、容易陷入局部极小化等缺点,故通常与遗传算法、粒子群算法等寻优算法相结合以改善网络性能。人工智能算法可以从大量的温室环境数据中挖掘出有价值的信息和规律,实现对温室环境的精准监测、智能调控和优化管理,从而提高作物的生长效率和质量。与设定值控制方法相比,基于神经网络的智能控制方法能更充分考虑不同环境因子间的相互作用,但也未考虑作物的实际生长需求。考虑作物生理或生长状态能最大限度满足作物需求,因此利用人工智能算法建立融合作物生理特征的数据驱动模型,是实现科学有效的温室环境智能调控的关键。光合作用和蒸腾作用是实现作物生长发育的基础生理反应,其效率直接影响作物的产量和品质。基于作物生理信息的温室环境调控方法,是以光合速率、蒸腾速率等生理特性为基础,采用人工智能算法寻找环境调控目标值,实现温、光、水、气、肥等环境因素的动态调节。近年来,采用数据驱动方法实现融合作物生长需求的温室环境智能调控成为新的研究热点,主要围绕单因子、多因子和多目标调控三方面展开。

（4）基于作物表型的环境控制

作物表型是作物受基因与环境因素相互作用后呈现的性状，是研究"基因型—表型—环境型"作用机制的重要桥梁。表型信息包括形态学参数（株高、茎粗、叶面积等）和生理学参数（叶绿素含量和种类、光合速率、叶片含水量等）。基于表型的环境控制方法需实时监测作物表型参数，包括作物的叶面积、叶面温度、茎流量等生长数据，利用机器学习和深度学习等智能方法进行数据挖掘和分析并快速准确地评估作物性状，通过融合参数优化设定与反馈控制方法实现温室环境动态反馈调节。与其他环境控制方法相比，该方法可及时发现作物生长过程中的潜在问题，并根据实际情况采取相应措施调整，具有更强的泛化性与可靠性。高效准确的表型参数获取为温室环境精细化管理提供科学依据。人工测定作物表型参数的劳动强度大且时效性较差。随着各类传感器的广泛应用，作物表型采集技术迅速发展，参数获取方法包括接触式和非接触式两种。接触式植物生理传感器有叶片厚度传感器、叶片温度传感器、茎流传感器等，该方法测量稳定，但易损伤作物。图像处理、计算机视觉和高通量表型技术属于非接触式检测技术，为无损监测温室作物表型参数提供技术支撑。经典图像处理方法包括图像变换、图像分割、图像识别等，可用于实现作物病虫害识别和果实成熟度分级等领域。计算机视觉技术主要用于获取作物生长指标（鲜质量、干质量、高度、叶面积和直径）和果实数目等形态学参数。受限于拍摄距离、光照条件和遮挡程度等因素的影响，计算机视觉技术更侧重于理论研究，难以在复杂多变的实际温室中应用。三维重建是计算机视觉领域的重要研究内容，主要通过多视角的作物二维图像重构得到三维模型。该模型能更好地提取作物的株高、株型等参数，但难以全面捕获复杂植株的三维信息，导致重建模型精度较低。叶绿素荧光成像、高光谱成像、多光谱成像属于高通量表型分析方法，多用于监测作物生理特性和检测早期作物胁迫（生物胁迫与非生物胁迫）等研究。

5.7 设施环境调控应用现状与挑战

5.7.1 生产应用现状

目前，以荷兰为代表的发达国家已形成设施生产环境调控的全套技术解决方案，依托于多年的数据积累，通过骑士、普瑞瓦、豪根道等知名设施农业公司为用户提供具有自主知识产权的基础建设、温室环境控制、水肥一体化等技术服务。近年来，国内设施农业企业通过引进荷兰的基础设施、种植模式、管控系统等，在北京、江苏、河南等建设了一批智能化连栋玻璃温室，但设施生产产量与经济效益仍与之存在一定差距，主要是由于相关智能管控模型、算法、控制逻辑对用户为"技术黑箱"，其内部的工作原理、技术细节和核心知识无法解析，无法与我国的地理气候条件、种植模式等要素相适应。

基于此，我国高校、科研院所和企业等创新主体面向设施环境调控中环境数据精准感知、控制需求，开发出一系列高性能、高精度、低成本的农业传感器，实现对空气、土壤环境中湿度、温度、光照强度等关键参数的动态精准监测，并利用物联网等信息技术，集成各类传感器、控制器，实现对生产环境的动态调控。如中国农业科学院农业信息研究所研发的设施农业生产智能管控设备、北京市农林科学院智能装备技术研究中心自主研发的"温室娃娃"、江苏省农业科学院研发的设施果蔬智能生产与知识服务平台等，可实现作物生长全过程温、光、水、气、肥的高效、智能化管理，对各环节海量数据进行精准感知，为设施生产决策提供支撑。但在生产应用中，虽然我国设施农业面积全球第一，但其中仅有约29.4%为具备环境控制设备条件的连栋玻璃温室、连栋薄膜温室等设施，整体基础条件相对落后，并且农业劳动者呈现老龄化、低文化特征，限制了环境智能化调控技术、装备的推广和应用。此外，由于南北、东西之间自然环境差异较大，且栽培的作物品种丰富，现有的设施环境调控仍大多依赖于主观经验和阈值设定调控计划和策略，以作物生长机理和海量多源数据为驱动的环境调控算法鲜有应用，智能化水平有待提高。

5.7.2 趋势分析

（1）智能化和自动化

随着计算机技术和人工智能技术的发展，温室环境调控机械逐渐实现了智能化和自动化。在设施当中通过安装传感器和执行器，温室环境调控机械可以实时监测和调节温度、湿度、光照等环境因素，以满足作物的生长需求。此外，智能化温室环境调控机械还可以通过数据分析，实现对作物生长过程的预测和优化，提高作物产量和品质。

（2）节能和环保

随着能源问题的日益突出和环保意识的增强节能和环保成为温室环境调控机械设计的重要考虑因素。一方面，通过采用先进的节能技术和材料，降低温室环境调控机械的能耗；另一方面，通过优化机械结构和控制策略，减少对环境的污染。例如，利用太阳能和风能等可再生能源，作为温室环境调控机械的能源供应，减少对化石能源的依赖。

（3）精准化和个性化

由于不同作物和不同生长阶段的生长需求不同，温室环境调控机械应用过程中需要具备精准化和个性化的能力。通过精确控制环境因素满足作物的生长需求，提高作物产量和品质。这就需要针对不同作物的生长需求，设计专门的温室环境调控机械，以实现对作物生长的精细化管理。

（4）网络化和信息化

在设施中农作物种植过程中通过将温室环境调控机械与互联网和物联网技术相结合，实现温室环境调控机械的远程监控和控制，提高温室环境调控机械的管理效率和水平。例如，通过移动设备或电脑，农民可以实时监测和调节温室内的环境因素，即使不在现场也能对温室环境进行有效管理。

5.7.3 存在的问题

我国是设施农业大国，运用智能化技术实现设施环境调控，不仅可以提高农作物生产速率，还能减少一定的经济成本，对我国发展智慧农业具有重要意义。对比国内外现状分析可得，发达国家对设施环境调控的研究起步较早，已形成了较为成熟的温室智能控制技术研究体系和产品。我国相关研究起步较晚但发展迅速，但当前生产中的环境调控仍主要依赖人工经验，智能化水平较低，存在以下难点和痛点问题。

（1）缺乏对多环境因子耦合作用的考虑

目前调控策略构建多针对温度、光照等单一环境因子，忽略了作物生长发育同时受到多种环境因子影响的客观情况，导致设施环境控制策略不精准。

（2）缺乏对环境调控能耗和成本的考虑

目前调控策略多以作物生长速率最大化为调控目标，忽略了环境控制设备运行过程中产生的能源消耗的经济成本。因此，需量化设施生产中的能源效果，构建兼顾作物的生长速率与经济成本的调控模型与策略。

（3）智能监测调控系统硬件支持条件不够完善

实现设施环境调控除了需要精准地调控模型策略，还需要一系列装备、硬件的协同配合。但目前我国设施生产中智能化生产基础条件建设较为不足，智能化监测与调控系统应用不够广泛，且生产经营主体大多还以农民为主，限制了环境调控智能化技术的应用和推广。

5.7.4 对策与展望

基于以上问题，结合我国设施农业的特点，提出以下建议。

（1）进一步推动环境调控模型策略技术革新

聚焦设施环境多目标调控技术，综合考虑多因子对作物生长的影响，构建多环境因子耦合的协同调控模型。同时，结合生产实际需要，量化设施生产中的能源效果，构建兼顾作物生长速率与经济成本的调控模型与策略，实现设施生产节本增效。

（2）加大设施农业基础建设投入

加大政策、资金、技术等多方面支持，建设国产化水平高、系统稳定、功能完备、自主可控的环境调控系统及相应的硬件装备，为设施环境调控智能化技术落地应用提供硬件条件支撑；完善相关政策法规，为设施环境调控智能化技术的研究与应用提供有力的政策保障。

（3）加强政产学研用聚力协同

组建创新联盟、创新联合体等产业创新平台，通过政策引导、科研攻关、产业推广、用户使用反馈等各个环节，打通科研成果转化"最后一公里"。同时，建立一批智慧生产示范基地，通过培训授课、观摩学习、调研交流等加强对生产经营主体、农技推广人员的应用培训，促进环境调控智能化技术在设施农业生产中的落地应用。

参考文献

蔡海, 2015. 设施环境与调控[M]. 西安: 西北工业大学出版社.
郭世荣, 孙锦, 2008. 无土栽培学[M]. 3版. 北京: 中国农业出版社.
李树德, 2018. 设施农业环境工程学[M]. 2版. 北京: 中国农业出版社.
廖佐毅, 张庐陵, 廖章一, 等, 2021. 浅析我国农业节水灌溉技术研究及进展[J]. 南方农机, 52(7):84-86.
刘书哲, 2020. 设施蔬菜地土壤障碍因子调查与影响因素分析——以苏州市为例[D]. 南京: 南京师范大学.
刘文科, 杜连凤, 傅国海, 2017. 设施蔬菜无土栽培及其根区与冠层调控[M]. 北京: 中国农业科学技术出版社.
田恬, 田永强, 高丽红, 2021. 设施菜田土壤质量研究进展[J]. 中国蔬菜 (10): 35-44.
杨业凤, 2009. 设施菜地土壤障碍因子研究及改良效果分析[D]. 南京: 南京农业大学.
于振良, 刘淑艳, 滕云, 2008. 设施农业节水灌溉技术现状与进展[J]. 吉林蔬菜 (6):90-92.
张聪颖, 李世峰, 任建成, 等, 2025. 智慧农业在我国葡萄水肥一体化技术上的应用现状[J]. 中外葡萄与葡萄酒 (1):88-94.
张福墁, 2010. 设施园艺学[M]. 2版. 北京: 中国农业大学出版社.
中华人民共和国住房和城乡建设部, 国家市场监督管理总局, 2020. 渠道防渗衬砌工程技术标准: GB/T 50600—2020. 北京: 中国计划出版社.
邹志荣, 邵孝侯, 2008. 设施农业环境工程学[M]. 北京: 中国农业出版社.